C=O
NH2
CH3-CH2-CH2-CH3
-NO2
Al(OH)3 → Al2O3 + 3H2O
CH3C=O
NH2

C=O
NH2
CH3-CH2-CH2-CH3
2Al(OH)3 → Al2O3 + 3H2O
NO2
HN
N
R1
R2
CN
CN
CH3C
NH2

뉴턴과 물리여행

대한과학진흥회 엮음

스완미디어
SWAN MEDIA

책 머리에

오늘날 우리들은 고도로 발달된 과학 문명의 혜택 속에 살고 있습니다.

우리의 선진 조국 창조를 위해 무엇보다 중요한 것이 과학기술의 개발입니다. 특히 자원이 부족한 우리나라에서 가꾸어야 할 유일한 자원은 과학 기술로 무장한 풍부한 인력 자원입니다.

대한 과학 진흥회에서는 배우는 학생들을 위해 사물을 깊이 관찰하는 습관과 합리적이고 창의적인 과학적 사고를 심어 주기 위한 방법의 하나로 과학 문고를 엮어 내고 있습니다.

과학 문고를 펴냄에 있어서 딱딱한 과학지식을 그림을 곁들여 쉽고 재미있게 이야기로 풀어 써서 학생들이 스스로 원리를 발견하고 재미를 느끼게 함으로써 과학의 여러 분야에 대하여 흥미를 갖고 접근할 수 있도록 하였습니다.

이 책과 더불어 많은 학생들이 과학에 깊은 관심을 갖고 탐구심과 창의력을 기르며 과학을 생활화 할 줄 아는 사람이 되는데 많은 도움이 되었으면 하고 바라는 마음 간절합니다.

기획편찬 **대한과학진흥회**

차례

물체 운동의 법칙

관 성

바퀴나 공 같은 둥근 물체는 외부에서 힘을 주면 앞을 향해 나아갑니다.

만약, 앞으로 나아가는 그 운동을 멈추게 하지 않는다면, 물체는 언제까지나 앞으로 굴러갈 것입니다. 이렇게 물체가 정지하거나 앞으로 계속 나아가려고 하는 성질을 '관성' 이라고 합니다.

예를 들어, 마차를 끌고 달리던 말이 한 지점에서 갑자기 멈추었을 때 마차도 당연히 그 순간 우뚝 서야 합니다. 마차의 속도가 곧바로 제로(0)가 되기 때문입니다.

그러나 말이 움직임을 멈추어도, 마차는 그 즉시로 우뚝 서는 것이 아니라, 앞을 향해 조금 더 굴러 가다 멈춥니다.

움직임이 멈추었다고 하여 그 속도가 즉시로 제로가 되는 것은 아니라는 이야기지요.

이러한 '관성의 법칙' 을 발견한 과학자는 '지구는 돈다'

는 지동설을 주장했던 갈릴레오 갈릴레이였습니다.

갈릴레이는 관성을, '운동하고 있는 것은 영원히 운동하고 싶어하는 물체 운동의 성질' 이라고 설명했습니다.

관성은 지금 우리 주위에서도 흔히 볼 수 있습니다. 바로 전철이나 버스를 탈 때입니다.

버스가 멈추어 서 있다가 갑자기 출발하게 되면, 버스 안에 있던 사람들은 몸이 뒤로 쏠리거나 앞으로 기울게 됩니다.

또한 달리던 버스가 갑자기 멈추어도 우리 몸은 앞으로 고꾸라지거나 앞사람의 어깨에 머리를 부딪치게 됩니다. 이것은 모두 관성 때문에 일어나는 현상입니다.

우리는 잘 느끼지 못하지만, 지구는 지금도 매우 빠른 속도로 회전을 하고 있습니다. 이것을 지구의 자전이라고 하는데, 만약 지구의 자전이 갑자기 멈추게 된다면 과연 어떤 일이 생기게 될까요?

우선 엄청난 폭풍과 함께 지구 위의 모든 생물들은 어디론가 내동댕이 쳐지듯 날아가 버릴 것입니다.

건물도 모두 부서져 날아가고, 나무도 뿌리째 뽑혀 나갈 것이며, 길을 달리던 자동차와 버스도 모두 날아가 버리고 말 것입니다.

그러면 왜 그러한 일들이 벌어지게 될까요? 그것은 지구의 자전이 멈추었을 때에도, 지구는 계속해서 자전을 하려고 하는 '운동의 관성' 이 작용하기 때문입니다.

이러한 관성은 아래와 같은 실험을 통해서도 알 수 있습니다.

우선 그림처럼 생긴 병을 하나 준비합니다. 그리고는 테이프를 이용해서 그림과 같이 병에 작은 추를 늘어지게 하여 붙입니다. 다 만들어진 병을 한 방향으로 회전시키다가 갑자기 멈춰 봅시다. 그러면 병에 매달린 추는 병이 회전을 멈추었는데도, 회전하는 방향 쪽으로 더 나아갔다가 제자리로 돌아올 것입니다.

이것 또한 병에 매달린 추가 회전을 계속하려는 관성을 가지고 있기 때문에 나타난 현상입니다.

우리는 이 실험을 통해서 회전을 멈춘 지구를 충분히 상상해 볼 수 있습니다.

관성은 포물선을 좋아하지요.

여러분은 텔레비전에서 가끔 공중 낙하 장면을 보았을 것입니다.

낙하산 부대를 공중에서 내려보낼 때나 유격 대원들에게 필요한 물품을 비행기로 전해 줄 때, 정확한 위치에 떨어뜨리지 못하는 경우를 종종 볼 수 있습니다.

어떤 어린이는, 비행기 조종사가 목표 지점을 정확히 잘 몰라서 실수를 했다고 생각했을지도 모릅니다. 하지만 단순히 목표 지점을 잘못 봐서, 그런 실수가 생기는 것은 아닙니다. 이 이유는 관성의 법칙을 잘 몰랐기 때문입니다.

그렇다면 어떻게 해야 원하는 목표 지점에 정확히 도착하게 할 수 있을까요?

우선 간단한 실험을 통해서 알아봅시다.

다음 그림과 같은 수평의 책상 위에 작은 공(야구공이나 골프공) 하나를 굴려서 떨어뜨려 봅니다. 공은 책상 위를 굴러가다가 마침내 밑으로 떨어지게 되는데, 이 때 공은 포물선을 그리면서 B의 위치에 떨어집니다.

우리의 예상대로라면 공은 당연히 A의 위치에 떨어져야 합니다.

그러나 앞에서도 이야기했듯이, 움직이는 물체는 운동을 계속하려 하기 때문에, 곧장 수직으로 떨어지지 않고 포물선을 그리면서 떨어지는 것입니다.

만약 속도를 더 빠르게 하여 공을 굴린다거나 책상의 높이가 더 높았다면 공은 C의 위치에 가서 떨어질 것입니다.

즉, 운동의 크기가 크면 클수록 운동의 관성도 역시 더 큰 힘으로 운동을 계속하려고 하는 것입니다.

비행기에서 물품을 아래로 떨어뜨릴 때도 위의 실험과 같은 경우입니다.

비행기가 공중을 날아가면서 아래로 물품을 떨어뜨리면, 그 물품 역시 포물선을 그리면서 목표 지점보다 좀더 앞으로 가서 떨어집니다. 이것은 비행기와 물품이 한몸을 이루면서 앞으로 날아가다가 물품만 떨어뜨리면, 물품은 계속해서 운동을 하려고 하기 때문에, 수직으로 떨어지지 않고 포물선을 그리면서 목표 지점보다 더 앞으로 가서 떨어지는 것입니다. 그리고 비행기가 빠른 속도로 더 높이 날면 날수록 물품은 그만큼 더 멀리 떨어집니다.

이러한 일들은 모두 '운동의 관성'을 설명해 주고 있습니다.

동전 쌓기 놀이

앞에서 예로 들었던 이야기들은 운동을 계속하려는 '운동의 관성'에 관한 것이었습니다. 그러나 그 외에도 정지 상태에 있는 물체는 계속해서 정지 상태를 유지하려고 하는 '정지의 관성'도 있습니다.

'정지의 관성'을 알아보기 위해 우선 실험을 해 봅시다.

평평한 책상 위에 종이나 매끈매끈한 헝겊을 깔아 놓고,

그 위에 5백 원짜리 동전을 탑 모양으로 높이 쌓아 놓습니다. 그러고 나서 종이나 헝겊을 순간적으로 매우 빠른 속도로 확 잡아당깁니다.

그러면 책상 위에 높이 쌓아 놓은 동전은 종이나 헝겊이 빠져 나갔는데도 여전히 쌓여진 그대로 우뚝 서 있습니다.

두 번째 실험에서는 종이를 깔지 않고 책상 위에 그냥 동전을 높이 쌓습니다. 그리고는 자를 이용해서 맨 아래쪽의 동전을 옆에서 쳐냅니다. 그러면 맨 아래쪽의 동전만이 빠져 나가고 나머지는 탑 모양으로 높이 쌓은 동전은 그대로 있게 됩니다.

처음에는 쳐내는 속도가 느리기 때문에 잘 안되겠지만, 자꾸 반복해서 연습하다 보면, 동전은 탑 모양으로 쌓여진 채로 그대로 있을 것입니다.

그러나 빠른 동작으로 하지 않고 천천히 하게 되면 위의 두 가지 실험은 실패할 뿐만 아니라 '정지의 관성'을 볼 수조차 없습니다.

관성은 이와 같이 우리의 생활 가운데서도 흔히 경험하고 볼 수 있는 것들입니다.

우리들이 좋아하는 공차기에서도 관성은 나타납니다.

발로 공을 툭 차면 공은 데구르르 굴러가는데, 발로 찬 지가 오래 되어서도 계속 구르다가 멈춥니다.

이렇게 공을 찬 뒤에도 공이 오랫동안 계속 구르는 것은, 공이 운동을 시작한 것이므로 그 운동을 계속하려는 관성에서 비롯한 것입니다.

던진 돌멩이가 포물선을 그리며 떨어지는 것, 점프대에서 뛰어내린 스키 선수가 수직으로 떨어지지 않고 타원을 그리면서 부드럽게 날아가듯 떨어지는 것, 책상에서 연필이나 지우개가 떨어지면 바닥에 닿은 뒤 다시 위로 약간 튕겨져 오르는 경우 등 이 모두가 운동을 계속하려는 관성의 법칙에 의해서 나타난 현상입니다.

그리고 큰 길에서 놀 때나 건널목을 건널 때, 우리 어린이들은 항상 차를 조심해야 합니다.

왜냐 하면 운전사 아저씨가 뛰어오는 어린이를 보고 놀라 급하게 브레이크를 밟지만, 차는 관성의 법칙에 의해 곧바로 멈출 수가 없어서 자칫하면 교통 사고가 날 위험이 크기 때문입니다.

물리학의 법칙은 이처럼 작은 것에서부터 발견됩니다.

우리들의 생활 가운데서 매일 일어나고 있는 일들을 잘 살펴보고 생각해 본다면, 어렵게만 생각되던 과학의 물리 법칙이 마침내 쉽고 자연스럽게 이해되어질 것입니다.

속도와 가속도

속도는, 운동하는 물체가 정해진 시간 동안에 통과한 거리를 말합니다.

예를 들어, 사람의 시속이 4킬로미터라는 것은, 1시간 동안에 사람이 4킬로미터를 걸어서 갈 수 있다는 것을 나타냅니다.

이것은 물론, 세계의 모든 사람이 똑같이 한 시간 동안에 4킬로미터를 갈 수 있다는 말이 아닙니다. 이보다 더 빨리 걷는 사람도 있고 느리게 걷는 사람도 있으므로 보통 사람들의 걷는 속도의 평균을 낸 것입니다.

그렇다면 가속도는 무엇일까요?

이것은 한 물체가 운동을 시작하면 시간이 흐를수록 처음 운동을 시작했을 때보다 속도가 점점 더 빨라지는 것을 말합니다.

공중에서 물체를 떨어뜨릴 경우, 그 떨어지는 길이가 길면 길수록 물체는 처음에 떨어지는 속도보다 점점 더 빨리 떨어집니다.

물체의 떨어지는 길이가
길어질수록 속도가 점점 빨라진다.

지구에 있는 물체는 모두 지구를 중심으로 해서 똑같은 가속도로 떨어집니다.

이러한 가속도는 지구 중력의 영향 때문에 생기는 것인데, 중력에 대해서는 뒤에서 더 자세하게 살펴보겠습니다.

무거운 돌은 왜 멀리 날아가지 않을까요?

시골의 호숫가에는 크고 작은 돌멩이들이 많습니다.

우리 어린이들도 한 번쯤은 자잘한 돌멩이를 주워서 누가 더 멀리까지 던지는지 내기를 했던 적이 있을 것입니다.

크고 작은 돌멩이를 주워서 힘껏 던지면, 돌은 낮은 포물선을 그리면서 날아갑니다.

돌이 날아가는 것은 돌멩이에 힘을 주었기 때문입니다.

이 힘은 팔 근육의 힘이 돌멩이에 가속을 주어서 날아가는 것입니다.

돌멩이는 정지한 상태(손에 돌멩이가 쥐어져 있을 때는 힘이 0입니다)에서, 날아가기 시작한 순간의 속도에 가속이 붙어서 날아갑니다.

만약 같은 크기의 돌을 더 세게 던진다면 처음보다 더 멀리 가서 떨어지게 될 것입니다.

이것은 처음에 던진 돌보다 더 큰 팔의 힘이 돌멩이에 가해졌기 때문입니다.

즉, 물체에 힘을 많이 주면 줄수록 더 큰 가속도가 생기는 것입니다.

그러나 축구공만한 큰 돌을 앞에서 던진 돌멩이와 같은 힘으로 던진다면, 돌은 가속도가 붙기는커녕 바로 발 앞에

떨어지고 말 것입니다.

이것은 같은 힘이라고 해도 물체의 질량이 클수록 가속도가 줄어들기 때문입니다.

물체의 질량이 크면 그 질량의 크기에 맞는 큰 힘으로 던져 주어야 합니다. 그러나 팔의 힘으로는 큰 돌을 던지기에는 힘이 부족하게 됩니다.

속도와 가속도는 뉴턴의 제2법칙으로서, 물체에 작용하는 힘과 그 힘 때문에 물체가 얻게 되는 가속도 사이의 관계를 말하고 있습니다.

작용과 반작용

작용과 반작용의 법칙은 뉴턴의 제3법칙으로, 물체A가 물체B에 힘을 작용시킬 때, B가 A와 똑같은 크기의 힘을 A쪽으로 미치는 작용을 말합니다.

이 법칙은 항상 상호 작용을 합니다. 즉, 힘이라는 것은 두 물체 사이의 상호 작용을 의미하며 한 물체가 다른 물체에 힘을 미치면 힘을 받은 물체는 힘을 준 물체에게 다시 힘을 미칩니다.

즉, 벽돌을 격파할 때 손의 힘이 벽돌을 내리치면 벽돌도 역시 손에게 벽돌을 내리칠 때 가했던 힘만큼 다시 되돌려 주기 때문에 손이 아픈 것입니다.

대개는 벽돌이 단단하고, 손이 약하기 때문에 아픈거라고 생각합니다.

이것은 움직이고 행동할 수 있는 동물만이 힘이 있다고 생각한 데서 비롯된 것입니다. 그러나 실지로는 움직이지 않는 무생물이 자신에게 준 힘을 거꾸로 사람에게 돌려주는 반작용을 일으킨 것입니다.

때린 사람의 손은 왜 아플까요?

우리는 가끔 친구들과 가위바위보 게임을 해서 꿀밤 먹이기를 할 때가 있습니다.

벽돌을 격파할때 만큼의 힘이
되돌려 주기 때문에
손이 아픈거예요
격파하는
힘
되돌려주는
힘

처음엔 아플까 봐 꿀밤을 살짝 주지만 오랫동안 하다 보면, 나중에는 손을 호호 불어 가며 꿀밤 먹이기에 정신이 없습니다.

처음에는 꿀밤을 살짝 주어서인지 손도 별로 아프지 않지만, 힘을 많이 주면 줄수록 맞는 사람도 아프고 때리는 사람도 아픕니다.

꿀밤 맞은 머리가 아픈 것은 당연하지만 꿀밤을 준 손은 왜 아플 것일까요? 머리가 손을 때린 것도 아닌데….

이유는 단 한 가지, 작용 반작용의 법칙 때문입니다.

꿀밤을 주기 위해 손에 힘을 주어서 머리를 때릴 때, 역시 머리도 손의 힘과 크기가 같고 따라서 반대 방향인 반작용을 일으킨 것입니다.

모든 힘에는 쌍둥이처럼 늘 같은 짝이 있습니다. 힘의 방향이 서로 반대로 작용할 뿐이지요.

우리의 눈에는 늘 하나의 힘판만 보이는데 이것은 반작용을 깨닫지 못하기 때문입니다. 이 세상에는 혼자서 이루어지는 것은 하나도 없습니다.

이번에는 스프링이 잔뜩 들어 있는 침대로 올라가 보도록 합시다.

침대에는 스프링이 길게 서로 연결되어 있어서 탄력이 좋습니다. 어린이들이 이 탄력을 좋아해서, 침대에 오르면, 펄쩍펄쩍 뛰며 즐거워합니다.

하지만 그렇게 뛰면서 놀면 스프링은 이내 망가지게 됩

니다. 그러니 침대 위에서 뛰지 말고, 의젓하게 한 번 올라 앉아 보는 것은 어떨까요?

침대에 올라 앉아 보면, 사람이 앉은 곳은 다른 곳보다 더 가라앉습니다. 이것은 사람의 몸무게가 스프링을 누르기 때문입니다.

그렇다면 침대에서는 반작용이 어떻게 나타날까요? 한 번 알아봅시다.

예를 들어 사람의 몸무게가 25킬로그램이라면, 침대는 25킬로그램의 무게(힘)를 위로 떠받치는 반작용이 있기 때문에, 사람이 방바닥으로 떨어지지 않는 것입니다.

그러나 얇은 종이를 허공에 받쳐 놓고 그 위에 사람이 앉는다면, 종이는 사람의 무게를 되돌려 줄 때, 그 힘이 무척 약하므로 곧 찢어지게 되고 사람은 방바닥에 나동그라질 것입니다.

왜냐하면 종이로서는 사람의 무게를 되돌려줄 만한 힘이 없으므로 그 반작용도 아주 약하게 나타나기 때문입니다. 꼭 반작용이 없는 것처럼 느껴지기도 하겠지만 그것은 다만 눈에 보이지 않을 뿐입니다. 반작용은 분명히 존재합니다.

손수레를 끄는 사람

시장에 가면 여러 가지 과일이나 야채를 실은 수레를 볼 수 있습니다.

이 수레에도 반작용의 법칙을 적용할 수 있습니다.

그러나 성급하게 생각하고 결론을 내리면 다음과 같은 엉뚱한 결과가 나올 수 있습니다.

작용에는 항상 반작용이 있습니다.

수레를 끄는 사람이 작용이라면 수레는 반작용일 것입니다. 그리고 작용의 힘은 반작용의 힘과 같고 방향만 다르므로, 수레와 사람의 힘은 팽팽하게 맞설 것입니다. 그렇게 되면 수레는 앞으로나 뒤로도 움직이지 않고 그 자리에서 꼼짝도 하지 않을 것입니다.

'어! 수레가 움직이네?

작용 반작용의 법칙에 문제가 있는 걸까? 아니면 움직이는 물체에 대해서는 반작용의 법칙이 적용되지 않는 걸까? 도대체 어디에서 잘못 된 걸까?'

그런 생각이 드는 것도 아주 잘못 된 것만은 아닙니다.

만약 수레를 끄는 사람과 수레만 있었다면, 이 두 물체는 분명히 한 곳에 정지해 있었을 것입니다.

그러나 수레를 끄는 사람과 수레는 지구 위에 있었기 때문에, 움직일 수 있었던 것입니다.

즉, 작용과 반작용의 법칙은 수레와 사람이 한 몸이 되어

작용하면, 지구가 반작용을 하는 것입니다.

그러므로 사람이 땅 위에 버티고 서 있다가 땅바닥을 차면 지구는 사람에게 반작용을 주게 되어 수레와 사람은 같이 앞으로 갈 수 있게 되는 것입니다.

그렇다면, 지구는 사람이 힘(작용)을 주었는데 왜 뒤쪽으로 움직이지 않는 것일까 라는 의문이 생기게 됩니다.

거기에는 이유가 있습니다. 그것은 지구가 워낙 크기 때문에, 사람이 지구에게 힘을 준 정도로는 지구가 영향을 받지 않기 때문입니다.

만약 여러분이 가방을 메거나 역기를 든다고 하면 상당히 무겁다는 것을 느끼겠지만, 우리 눈에 잘 띄지 않는 작은 먼지는 아무리 우리 몸에 많이 묻는다 해도 실지로 그 무게가 느껴지지 않는 것과 마찬가지여서, 있는지 없는지 조차도 모르는 것과 같습니다.

지구에 비해서 우리 인간은 아주 작고 보잘것 없어서 지구로서는 사람의 힘이 아주 대수롭지 않게 느껴지는 것입니다.

우리 주위에는 이런 작용과 반작용의 법칙을 이용한 것

이 많습니다. 우주선과 로켓도 작용과 반작용의 법칙을 이용한 것입니다.

텔레비전에서 총 쏘는 장면을 보면, 개머리판을 어깨에 대고 그 반동을 몸으로 막아 내서 목표물을 적중시킵니다.

총의 경우, 방아쇠를 당기면 총알이 앞으로 나아가면서 개머리판이 어깨를 세차게 밀어 냅니다.

로켓이나 우주선도 이러한 반동을 이용하여 발사시킵니다. 높은 온도로 뜨거워진 기체를 분출구에서 아주 센 힘으로 뿜어내는데 그 때 반작용으로 로켓 자체가 열을 뿜는 곳과 반대 방향으로 나아가게 됩니다.

우리가 좋아하는 오징어도 물 속에서 이러한 반작용을 이용하여 몸을 움직인다고 하면 여러분은 무척 놀라겠지요?

하지만 사실이랍니다.

오징어를 포함한 두족류는, 자기들의 몸통 옆구리에 있는 구멍과 몸통 앞에 있는 깔때기 모양의 구멍을 통하여 맹렬하게 물을 뒤로 내뿜습니다. 그 결과 반작용의 법칙에 의하여 오징어의 몸은 유유히 앞으로 나아가게 되는 것입니다.

해파리의 운동도 역시 같은 방법입니다.

해파리는 자기의 근육을 수축시킴으로써 종 모양으로 된 자기의 몸통이 앞으로부터 몸을 내뿜으며, 이 때에 얻는 반발력에 의하여 운동을 합니다.

만유 인력의 법칙

지구상에 있는 물질들은 모두 서로 당기는 힘이 있습니다.

물체가 높은 곳에서 떨어지는 것이나 물이 낮은 곳으로 흐르는 것은 모두 다 지구가 물질을 당기는 힘에서 비롯된 것입니다. 이것을 만유 인력이라고 합니다.

과학이 발달하기 시작하면서부터 사람들은 이 인력에 관하여 큰 관심을 갖게 되었습니다. 그리하여 사람들은, 모든 생명체가 태어나서 죽을 때까지 이 인력에 끊임없이 영향을 받는다는 것을 알게 되었습니다.

이 만유 인력은 참으로 불가사의한 것입니다.

사과는 지구가 끌어당기는 힘에 의해서 아래로 떨어지며, 또 지구와 달 사이에도 서로 끌어당기는 힘이 있습니다.

이렇게 모든 물질과 우주 속에서 작용하는 이 당기는 힘은 누구나 잘 알고 있는 것처럼 생각하기가 쉽지만 사실은 생각만큼 그 정체가 정확히 밝혀져 있지 않아서, 신비로울 뿐입니다.

만유 인력은 혹성의 크기, 질량에 따라 각각 다릅니다.

목성이나 토성 같은 큰 혹성은 지구의 두 배 반이나 되는 인력을 가지고 있고, 달은 지구의 6분의 1, 화성은 3분의 1의 인력 밖에는 가지고 있지 않습니다.

위에서 아래로 떨어지네

천문학은 이러한 인력의 법칙을 응용해서 태양계의 모든 혹성의 운동을 밝혀냈습니다.

그러나 인력의 정체가 과연 무엇인가 하는 것은 아직도 확실하게 알 수가 없습니다.

인력은 빛이나 열 • 전기 • 자력 따위와는 그 성질이 전혀 다릅니다.

빛이나 열 • 전기 • 자력은 여러 가지 방법으로 만들어 낼 수가 있고, 빛은 열로, 전기는 자력으로 바꿀 수도 있습니다. 그러나 인력만은 인간의 힘으로는 도저히 만들어 낼 수가 없습니다.

더구나 인력은 다른 물리적인 작용과는 그 성질이 달라서 그 당기는 힘이 왜 있는지 설명할 수가 없습니다. 인력은 또한 절대로 없애 버릴 수도 없습니다.

텔레비전의 공상 과학 영화에서 자주 볼 수 있는, 우주선 속의 사람이 풍선처럼 떠오르거나, 컵 속의 물이 엎질러져서 둥근 덩어리가 되는 것을 보고는 인력이 사라져서 생긴 현상이라고 생각하는 사람들이 많습니다.

그러나 그런 경우는, 인력이 사라져서 그런 것이 아니고 무게가 없어졌기 때문에 생긴 현상입니다.

인력 그것의 정체는 알 수 없지만 어쨌든 우리의 생활은 인력과 무척 관계가 깊습니다.

우리의 생활 속에서 인력은 어떻게 나타나는지, 또 좀처럼 알 수 없는 것들에는 무엇이 있는지 알아보도록 합시다.

사과는 왜 땅에 떨어져야만 할까요?

'만유인력 법칙' 하면 대개의 어린이들은 그 법칙을 자세히는 모르지만 어쨌든 뉴턴의 사과를 떠올릴 것입니다.

많은 사람들이 매일같이 사물을 보고 생활하는 가운데 있지만 뉴턴만큼 사물에 관심을 가지고 '왜?' 라는 질문을 던져 본 사람은 드물 것입니다.

또한 인력을 사과와 연관지으면서 생각하기는 하지만, 나뭇잎이 떨어지고 낙하산이 떨어지고, 책상 위에서 지우개가 굴러 떨어지는 것에 의심을 품는 어린이는 없을 것입니다.

하지만 사물을 얼마나 열심히 들여다보고 생각하느냐에 따라 수많은 법칙은 다시 발견될 것입니다.

그리고 이미 발견된 법칙 중에도 설명이 제대로 되지 않고 불가사의로만 남아 있는 것들이 많습니다.

그러한 것들은 모두 과학적으로 설명되어야 할 것입니다.

그러면 뉴턴은 어떻게 해서 만유인력을 발견했는지 한번 알아보기로 합시다.

뉴턴은 뜰을 산책하며 온갖 공상을 하였습니다. 바로 그때, 사과나무에서 사과가 떨어져서 뉴턴의 발 아래까지 굴러와 멈추었습니다.

뉴턴은 굴러온 사과를 가만히 내려다보고 생각에 잠겼습니다. 뉴턴은 머릿속으로 '왜 사과가 땅으로 떨어진 것일까?'를 생각했던 것이지요. 생각 끝에 뉴턴은 한 가지 결론을 내렸습니다. 그 결론은 지구가 사과를 잡아당기고, 사과 역시 지구를 잡아당긴다는 것이었습니다.

그렇다면 왜 사과가 지구에 떨어지고 지구는 사과 쪽으로 떨어지지 않을까 라고 여러분들은 생각하겠죠?

이유는 간단합니다.

지구는 사과보다 엄청나게 크므로 지구의 당기는 힘이 사과의 당기는 힘보다 훨씬 크게 때문에, 사과는 지구로 떨어지는 것이지요.

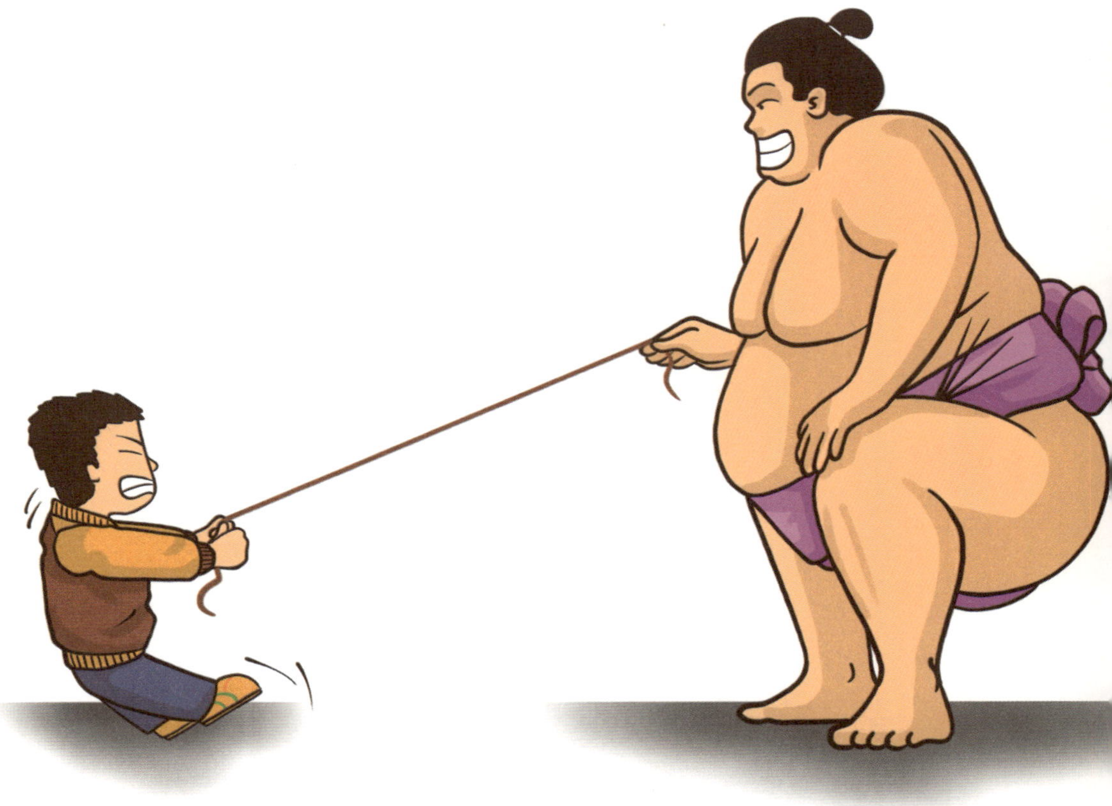

예를 들어, 덩치가 큰 스모선수와 키가 무척 작고 힘도 없는 어린이가 줄다리기를 한다고 합시다.

스모선수와 어린이는 둘 다 힘을 있는 대로 다 쓰며 줄을 당기지만, 결론은 뻔합니다. 당연히 스모선수가 이깁니다.

사과와 지구도 이것과 같은 이치입니다.

뉴턴의 생각은 떨어지는 사과에 그치지 않고, 이 세상에 있는 모든 물체는 서로 잡아당기고 있는 것이 아닐까 라는 생각에까지 미치게 되었습니다.

그리고 물체가 작은 경우에는 잡아당기는 힘도 작아서 그것을 깨달을 수 없지만, 만약 행성이라든가 위성 또는 항성과 같은 큰 물체일 경우에는 더 큰 힘이 작용할 것이라는 결론에 이르렀습니다. 그리고 그 결론을 만유인력 법칙의 이론으로 내세우게 되었습니다.

뉴턴에 의하면 행성은 태양 주위를, 달은 지구 주위를 도는데, 모든 천체는 이 법칙에 의해 운행된다고 하였습니다.

이러한 별들의 운행은 서로 잡아당기는 힘이 평형을 이루고 있기 때문에 부딪치지 않고, 일정한 거리를 두고 회전 운동을 하게 됩니다.

이것은 만유인력 법칙의 일부일 뿐입니다.

뉴턴은 물체와 물체 사이에서 작용하는 인력이 얼마나 큰 것인지를 계산해 보고, 물체가 크면 클수록 인력이 커진다는 것을 증명하였습니다.

좀더 자세히 말한다면, 어떤 두 물체 사이에 작용하는 인력은 그 물체의 질량의 곱에 정비례합니다.

그리고 두 물체 사이의 거리를 2배로 하면 인력은 4분의 1로 줄어들고, 거리를 3배로 하면 인력은 9분의 1이 됩니다.

이 법칙을 다시 정리한다면, 모든 물체 사이에는 서로 당기는 힘 즉, 인력이 작용한다는 것입니다. 이 인력은 물체의 질량이 클수록 커지고, 물체 사이의 거리가 멀어지면 멀어질수록 그 힘도 약해집니다.

이 법칙을 이용하면 행성이나 소행서, 혜성 등의 정확한 궤도도 계산할 수 있습니다.

만유인력을 이용한 계산법은, 인간이 우주로 진출한 이래 지구를 도는 인공위성이나 행성 사이에 있는 우주 정거장 설치, 그리고 우주선의 궤도까지 그 계산을 가능하게 해주었습니다.

무게가 다른 북극과 적도

인력은 알면 알수록 신기하고 이상한 요술 이야기 같습니다.

부산에서 1000그램(1킬로그램)이 되는 돌덩이를 남극기지로 가져가서 재보면 2.9그램이 늘어서 1,002.9그램이 됩니다.

같은 돌덩이를 이번에는 적도 아래인 남아메리카 에콰도르의 키토에 가져가면, 995,5그램이 됩니다.

무게가 0.5퍼센트(1/200)이상이나 달라지는 셈입니다.

따라서 이 무게의 차이가 지구의 특정지역에 따라 다르다는 사실을 금방 알아냈을 것입니다.

그렇습니다. 바로 지구의 지역에 따라 그 무게가 달랐던

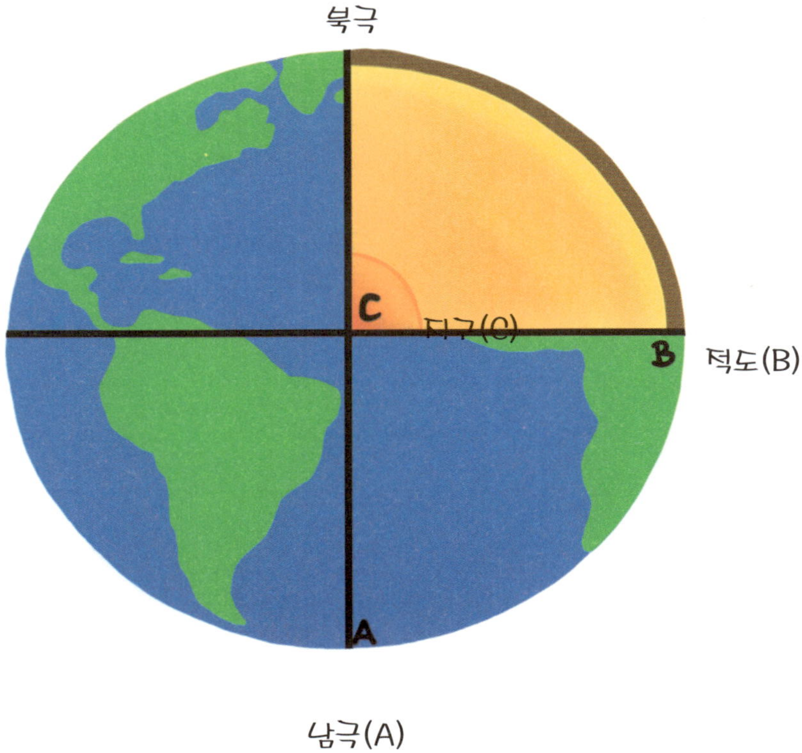

〈타원형으로 인한 인력의 차이〉

것입니다. 그렇다면 그 지역에 따라 무게가 다른 이유는 어디에 있을까요?

그것은 지구의 형태와 인력의 차이에 그 원인이 숨어 있습니다.

지구는 약간의 타원형으로 이루어져 있습니다.

그림에서와 같이 A~C까지의 거리와 B~C까지의 거리는 분명 차이가 있습니다.

이 차이는 떨어지는 사과에서도 말한 것과 같이, A~C의 길이는 짧으므로 인력이 크고, B~C까지는 길이는 좀더 길므로 인력이 좀더 작습니다.

그러므로 A~C까지의 거리는 짧으므로 그램 수가 늘어나고, 적도 부분(B~C)에서는 그램 수가 줄어 드는 것입니다.

그러나 이것은 용수철 저울로 쟀을 때 나타나는 것이고, 천칭으로 재면 이런 차이는 나타나지 않습니다.

용수철 저울의 경우, 용수철이 눌리는 힘에 따라 용수철이 늘고 줄어든 길이가 눈금을 통해 나타나 그 힘의 크기를 재게 됩니다.

이 때 용수철은 인력의 영향을 받으므로 해서 그 무게에 차이가 생깁니다. 그러나 천칭으로 무게를 재면, 적도건 남극이건 그 무게는 똑같이 나타납니다.

천칭은 물체의 무게와 저울추의 무게를 비교하는 도구이므로 지역에 관계없이 그 무게를 잴 수 있습니다.

위의 예는 저울로 무게를 잴 수 있을 때의 이야기이지만 저울로 무게를 잴 수 없는 큰 물체일 경우는 어떨까요.

예를 들어, 북극 가까이에서 2만 톤의 무게를 가진 선박이 적도의 바다에 도착한다면, 아마도 그 배는 약 80톤 정도는 가벼워졌을 것입니다.

80톤의 무게가 가벼워졌다고 하면 배에 탄 사람들은 모두들 어리둥절해할 것입니다.

그러나 어찌 된 셈인지 모두들 평소와 다름없는 생활을 합니다.

더욱이 육지에 있는 사람들도, 배에 탄 사람들처럼 모두 자기가 해야 할 일들만 열심히 하고 있습니다.

왜 그럴까요? 약 80톤 정도가 가벼워졌다면 배는 조금 얕은 바다에서도 뜰 것이고, 그러면 누구보다도 먼저 선원들이 알아차릴 것입니다.

그러나 여기에도 이유가 있습니다.

선박은 확실히 80톤 정도 가벼워졌습니다. 그러나 가벼워진 것은 배 뿐만이 아니었습니다. 적도에 속해 있는 모든 물체 즉, 바닷물까지도 배와 같은 비중으로 가벼워진 것입니다.

북극에서 얼음을 비롯한 바닷물이 적도보다 더 무거웠지만, 모든 것이 같이 무거워졌으므로 아무런 이상도 발견할 수 없었던 것과 같습니다.

선박은 북극에서나 적도에서나 같은 깊이의 바닷속에 잠겨 있기 때문에, 선박에 탄 선원이나, 선박 바깥에 있는 사람들 모두가 아무런 이상을 발견하지 못한 것입니다.

태양의 힘

천체(우주에 있는 모든 물체, 인공 위성까지도 포함)들 사이의 거리는 대단히 큽니다. 천체가 큰 만큼 그들의 힘도 무척 크기 때문에, 인력 또한 크게 나타납니다.

천체들은 인력에 의해 운동하고 서로에게도 영향을 미칩니다.

지구의 주의를 공전하는 달은 우리 지구와 가까이 있는 관계로 그 모습이 작은데도 불구하고 밀물과 썰물의 현상을 일으키는 인력의 주인공입니다.

그리고 우리 지구와 43억 5천 킬로미터나 멀리 떨어져 있는 해왕성은 태양께의 끝을 천천히 돌고 있지만, 1,800만톤의 힘으로 지구를 끌어당김으로써 자신의 존재를 알리는 듯합니다.

지구와 태양 사이의 거리는 약 1억 5천만 킬로미터나 되는 무척 긴 거리이지만, 지구는 인력의 힘으로 태양의 주위를 돌면서 궤도를 그대로 계속 유지하고 있습니다.

이러한 태양 인력이 만약에 없어진다고 하면, 지구는 자기의 궤도에서 벗어나서 날아가 버릴 것이며 우주 공간에서 한없는 여행을 할 것입니다.

우주 안에서 그런 위험이 일어날 리는 없지만, 만약 태양 인력이 없다고 가정해 봅시다. 그리고 태양 인력 대신에 쇠줄로 지구를 꽁꽁 잡아매서 지구의 공전을 유지한다면 얼마만큼의 쇠가 필요할까요?

한 번 공상의 날개를 펼쳐 보도록 합시다.

날아가는 지구를 잡아매기 위해서는 무척 강한 쇠줄이 필요할 것입니다.

직경이 5킬로미터이고, 단면적이 약 2천 평방미터인 강철이라면 혹시 가능하지 않을까요?

이와 같은 강철 줄은 2조(2,000,000,000,000)톤의 짐까지는 견디어 내지만 그 이상인 경우에는 끊어지고 맙니다. 이러한 쇠줄 하나로는 지구를 도저히 붙잡지 못합니다. 지구를 붙잡아서 이전과 같이 공전시키기 위해서는 2백만 개의 강철줄이 필요하게 됩니다.

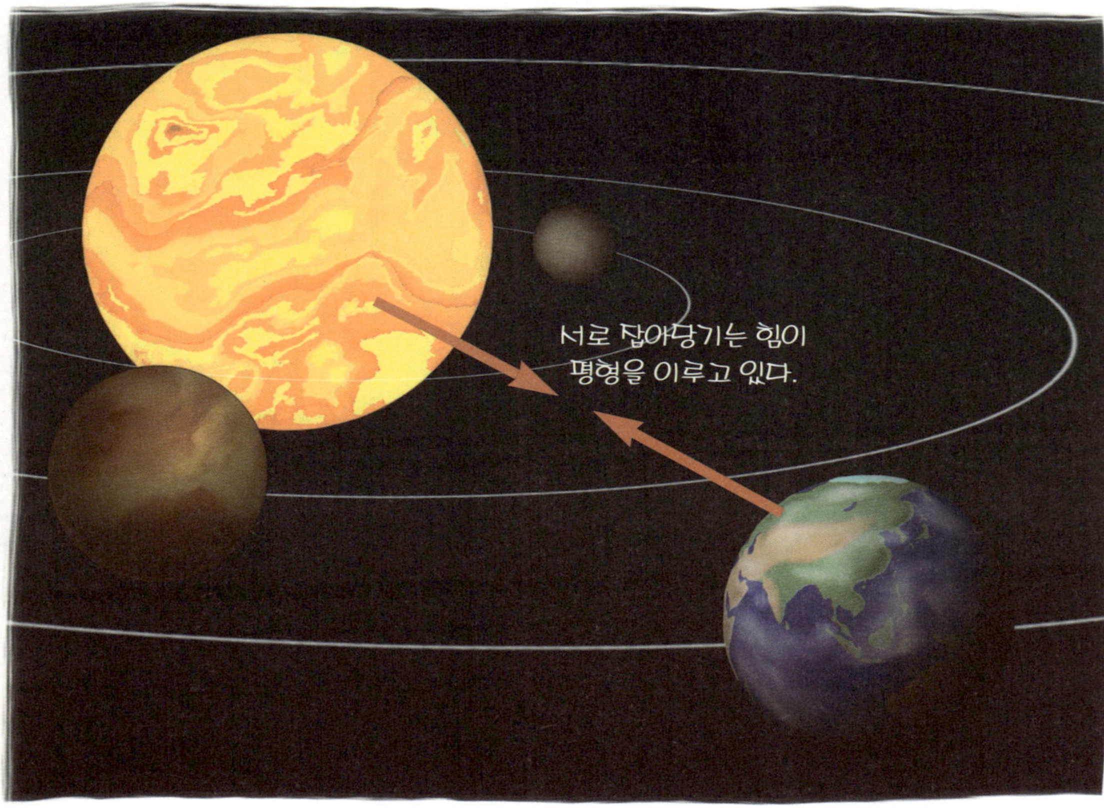

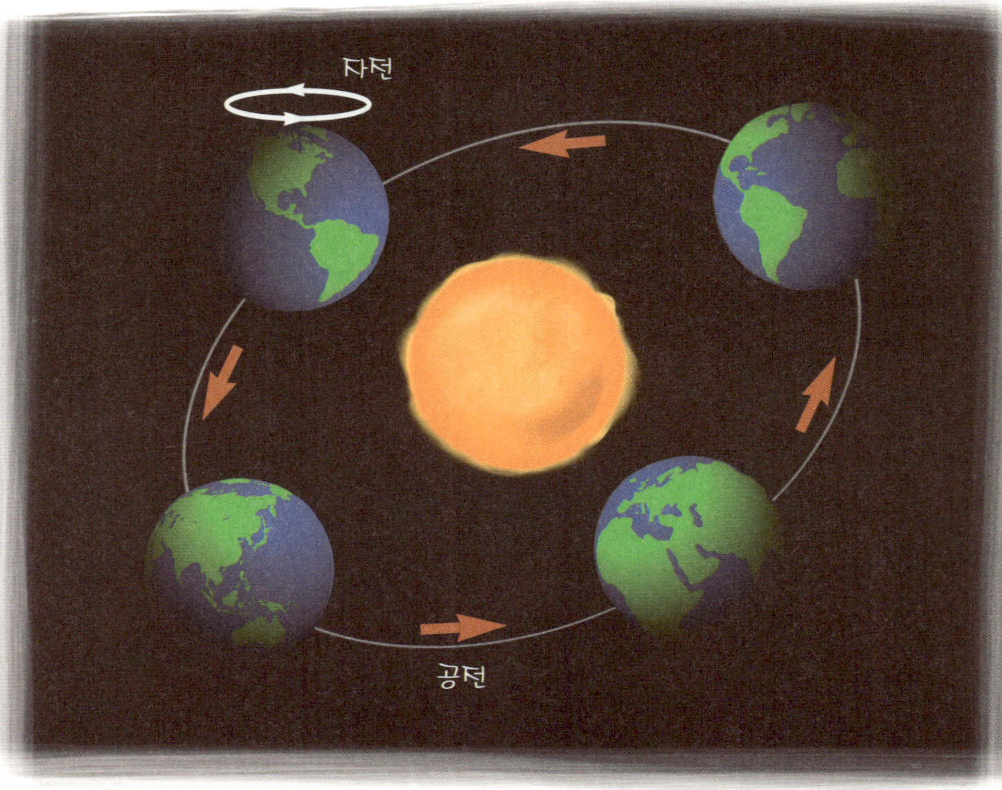

이 2백만 개의 강철줄을 끌려면 실로 엄청난 힘이 필요합니다. 온 세계 사람이 총출동하고, 인간이 동원시킬 수 있는 기계를 모조리 집합시킨다 해도 2백만 개의 강철줄은 꼼짝도 하지 않을 것입니다.

그런데 이렇게 많은 힘으로도 불가능한 것이 태양과 지구 사이에 작용하는 보이지 않는 인력인 것입니다.

이러한 거대한 힘의 작용에 의하여 태양은 날아가려는 지구를 붙잡아서 공전하게 하는 것입니다.

그러나 공전이 이루어지는 것은 태양의 힘만으로는 불가능합니다. 왜냐 하면 만약 지구의 인력이 없는 상태에서 태양의 잡아 끄는 힘만 있다면, 지구는 태양의 힘에 의해 태양 속으로 말려들어가 타 버릴 것이기 때문입니다.

하지만 다행히도 지구와 태양과의 힘은 거의 평형을 이루고 있습니다. 다만 태양의 힘이 약간 더 커서 날아가려는 지구를 태양 쪽으로 잡아 끄는데, 완전히 자기 곁으로 잡아당기는 것이 아니라, 조금씩 잡아당기면서 그 방향을 돌려 결국 지구로 하여금 회전 운동을 하게 하는 것입니다.

바꿔 말하면, 비록 태양 인력이 크기는 하나, 그 힘은 오직 지구의 운동 경로를 매초마다 3밀리미터만큼씩 기울이는 역할을 할 뿐입니다.

지구의 경로를 매초마다 3밀리미터만큼씩 굽히는 데도 이와 같이 거대한 힘이 필요하다는 것을 생각한다면, 과연 지구의 질량이 얼마나 거대한 것인가도 짐작할 수 있을 것입니다.

그리고 이렇게 크고 어마어마한 힘이 불과 3밀리미터만을 움직일 수 있다는 데 대해서, 사람과 사람, 물체와 물체 사이에 작용하는 힘은 아주 작기 때문에 우리가 느낄 수조차 없는 것이 당연하다는 것을 깨닫게 됩니다.

지렛대

지레의 법칙을 발견한 사람은 고대 그리스의 수학자이며 과학자인 아르키메데스입니다.

아르키메데스는 광산에서 작은 쇠몽둥이를 이용해서 커다란 돌을 캐내는 광경을 보고 지레의 원리를 설명했습니다.

지레는 아주 옛날부터 이용되고 있었습니다.

고대 이집트의 파피루스에는 지레의 법칙을 이용해서 천칭을 사용하는 모습이 그려져 있습니다.

지레는 많은 사람들이 생활 가운데 사용하였기 때문에 그 사용 방법을 잘 알고 있었지만, 그 원리는 무엇인지 모르고 사용하였습니다.

지레에는 2가지가 있습니다.

제1종의 지레는 저항력과 그것을 극복하기 위한 힘의 작용점이 양쪽에 있는 것으로, 가위가 이 경우에 해당됩니다.

제2종의 지레는 두 힘이 모두 받침점의 한쪽에 배치되어 있는 것으로, 우리들이 즐겨 사용하는 시소가 이것에 해당됩니다.

지레는 받침점에서 힘을 가한 점까지의 거리를 '힘의 팔'이라고 합니다.

지레로 어떤 무거운 물체를 들 때에 가하는 힘의 크기는 물체의 무게에만 관계되는 것이 아니고, 지레의 팔의 길이에도 관계됩니다.

힘을 가하는 팔(지레)이 물체의 무게가 작용하는 쪽의 팔보다 길수록, 적은 힘을 가지고서도 그보다 훨씬 무거운 물체를 들 수 있습니다.

지레의 법칙은 직접 그 현상을 보면 쉽게 알 수 있지만, 머릿속만의 생각으로는 조금 이해가 어렵습니다. 그러므로 예를 들어 살펴보도록 합시다.

지렛대는 슈퍼맨

우리의 생활 속에서 지레의 원리를 이용하는 것에는 무엇이 있을까요?

한번 알아봅시다.

이사 가는 날, 이삿짐을 옮기는 것 중에서 가장 힘든 것이 바로 옷장을 옮기는 일입니다. 옷장은 힘센 어른이라도 혼자서 옮기기가 어려워서 여러 사람이 힘을 써야만 옮겨 놓을 수가 있습니다.

그렇지만 어린이 여러분 혼자서도 그 큰 옷장을 움직일 수 있는 방법이 있습니다. 물론 통째로 들고 이리저리 옮기기는 어렵습니다.

하지만 옷장 밑으로 구슬이 굴러 들어갔다면, 간단한 방법으로 그 구슬을 꺼낼 수 있습니다.

어떤 방법일까요?

우선 기다란 막대기를 하나 준비합니다. 그리고 그 막대기를 옷장의 아래쪽에 밀어 넣고는 막대기를 들어 올리는 것입니다. 그런데 이 때 잘못 들어 올리면 옷장에 큰 흠집이 남게 됩니다. 그러므로 혹시 구슬이 옷장 밑으로 들어

갔다면, 부모님을 불러서, 흠집이 나지 않도록 막대기에 헝겊을 싼 후 들어 올리도록 해야겠습니다.

만약, 힘자랑을 하고 싶다면, 야외에 놀러 갔을 때, 큰 바윗돌 아래에 막대기를 넣어서 바위를 들어 올려보는 것도 좋을 것입니다.

이번에는 호두를 먹고 싶어서 호두를 까려고 합니다. 그러나 호두 껍질이 너무 단단해서 맨손으로 깔 수가 없습니다. 그렇다고 힘센 망치로 내리치면 껍질이 으깨져서, 호두를 먹는 것보다는 먹지 못하는 부분이 훨씬 많아집니다. 이럴 때 호두를 까는 특별한 펜치를 사용하게 되면 아주 쉽게 호두를 깔 수 있습니다.

가끔 공작 시간에 생철을 잘라야 하는 경우가 있습니다.

생철을 손으로 오그리거나 굽힐 수는 있어도 모양을 내서 자르는 일은 할 수가 없습니다.

이럴 때, 철물에 쓰이는 가위를 사용해서 생철을 자르면, 생철은 종이처럼 달라져 별 모양이나 물고기 모양 등 원하는 모양을 다 만들 수 있게 됩니다.

이러한 물건들은 언뜻 봐서는 아무 연관도 없는 것처럼 생각됩니다. 하지만 사실은 서로 공통되는 점을 지니고 있습니다.

옷장의 경우, 그냥 손으로 들려고 했다면 꿈쩍도 하지 않았겠지만, 막대기 하나로 당장에 옷장 아래에 있던 구슬을 꺼낼 수 있었습니다.

호두나 생철의 경우도 맨손으로 할 때는 어려운 점이 많았지만, 기구 몇 개를 사용함으로써 일이 쉽게 해결되었습니다.

여기서 가장 이상한 것은 막대기나 펜치, 가위 등에는 모터 같은 것이 달려있지 않아서, 그 자체에는 아무런 힘도 없다는 사실입니다.

이러한 도구는 다만 우리가 내는 힘을 한 곳으로 모아서 그 힘을 크게 해 주었을 뿐입니다.

<그림 I>

어떻게 해서 힘을 한 곳으로 모아 주게 되었는지 실험을 통해 알아보기로 합시다.

우선 무게가 서로 다른 물체를 준비합니다.

여기에서는 통통한 곰 인형과 작은 병아리 인형을 사용하도록 했습니다.

그리고 그림 I 과 같이 자의 한가운데에 둥글고 긴 연필을 받쳐 놓고, 각각 양 끝에 인형을 놓습니다.

자, 어떻게 됐을까요?

물론 곰 인형이 병아리 인형을 들어 올렸습니다. 곰이 훨씬 무겁기 때문이지요.

그렇다면 받침점인 연필을 곰 인형 쪽으로 가까이 가져가면 어떻게 될까요?

곰 인형 쪽으로 받침점을 조금씩 움직이다 보면 어느 지점에 이르러서는 마침내 곰 인형과 병아리 인형이 균형을 이루게 됩니다.

그리고 받침점을 좀더 곰 인형 쪽으로 가지고 가면, 그림 Ⅱ와 같이 작은 병아리 인형이 무거운 곰 인형을 훌쩍 들어 올리게 됩니다.

<그림 Ⅱ>

가벼운 병아리 인형이 곰 인형을 들어 올리는 데에는 도대체 무엇이 필요했을까요?

실험 장치에는 자와 연필이 있는데, 자가 연필의 등에 얹혀 있습니다. 이 연필과 자가 맞닿아 있는 곳을 '받침점' 또는 '지점'이라고 합니다.

이 실험에서 자를 사용한 이유는, 인형을 그 위에 올려놓기가 좋기 때문입니다. 자 이외에도 가늘고 긴 물건이라면 뭐든지 다 쓸 수 있습니다. 그러나 곰 인형과 병아리 인형을 그 위에 올려놓을 수 없을 때에는 붙들어 매어야 합니다. 이 실험은 어느 것을 사용해도 그 결과는 앞의 실험과 같습니다.

받침점을 가진 긴 막대기를 지레라고 합니다.

양복장 밑에 밀어 넣은 막대기가 지레였고, 여러분의 작은 손(병아리 인형)은 큰 옷장(곰 인형)을 들어 올린 것입니다.

호두 까기 펜치에 잇는 두 개의 손잡이 역시 지레인데, 손잡이를 잡은 손(병아리 인형)이 호두(곰 인형)의 저항하는 힘을 짓눌러 버린 것입니다.

가위의 손잡이 부분도 또한 지레가 되며, 손잡이를 잡은 손(병아리 인형)이 가위의 날에 걸리는 저항을 누르고 생철(곰 인형)을 자른 것입니다.

이와 같은 실험은 우리가 생활하면서 흔히 볼 수 있는 것들입니다.

여기에서 가장 중요한 것은, 지레의 받침점에서 양쪽 끝까지의 길이가 각각 다르다는 데에 있습니다.

옷장의 경우, 아주 조금만 들어 올렸는데도 손 쪽은 큰 운동을 하고 있었습니다. 가위나 호두 까기 펜치의 경우도 똑같은 결과입니다.

병아리 인형은 지레의 받침점으로부터 거리가 긴 쪽의 끝에 앉지 않으면, 곰 인형을 들어 올릴 수 없습니다.

그러나 이 때 병아리 인형은 높은 곳에서 크게 움직이지 않으면 안 됩니다.

이와는 반대로 곰 인형은 약간만 움직일 뿐입니다.

병아리 인형의 힘은 지레의 받침점으로부터 인형이 앉아 있는 끝까지의 길이가 길수록 커집니다.

그 길이를 좀더 정확히 말한다면, 병아리 인형이 앉아 있는 발의 위치에서부터 받침점까지의 거리를 말합니다. 이 길이를 '지레의 팔 길이'라고 합니다.

예를 들어 한쪽 팔의 길이가 다른 쪽 팔 길이의 두 배라면, 짧은 팔 쪽의 끝에 작용하는 힘은 그 두배가 됩니다. 그와 마찬가지로 팔의 길이를 반대쪽보다 열 배로 늘이면, 힘도 열 배로 작용시킬 수 있습니다.

여기 이 부분만 올바로 이해한다면, 여러분은 지레의 원리에 대해서는 확실히 알게 된 것입니다.

과연 지구를 들어 올릴 수 있을까요?

지레의 원리를 밝혀 낸 아르키메데스는, 지렛대가 길기만 하면, 약한 힘을 가지고서도 그 무엇이라도 다 들어 올릴 수 있으리라고 생각했습니다. 다만 무거운 쪽을 지렛대의 짧은 쪽에 놓아야 한다는 결론을 내렸습니다. 그리고 만약에 다른 또 하나의 지구가 있었더라면, 거기에 가서 긴 지렛대로써 지금 우리가 살고 있는 지구를 들어 올릴 수 있다고까지 생각하였습니다. 그래서 아르키메데스는 다음과 같이 외쳤습니다.

"나에게 받침점을 다오. 그러면 나는 지구를 들어 올릴 테다."

아르키메데스의 외침이 과연 옳았을까요?

아르키메데스는 수학자이고 과학자이었으면서도, 지구의 질량을 생각하지도 않았고 계산해 보지도 않았나 봅니다.

만약에, 아르키메데스가 지구의 질량을 알기 위해 간단한 계산만 해 보았더라도, 그렇게 비현실적이고 비과학적인 외침은 당장에 취소했을 것입니다.

그렇다면 아르키메데스의 외침은 어디가 어떻게 잘못된 것일까요? 한 번 알아보도록 합시다.

지구의 질량은 6×1021톤으로,

6,000,000,000,000,000,000,000톤의 무게를 가집니다.

이러한 무게를 우주에서 1센티미터 들어 올리려면, 지레의 팔 길이 끝을 우주 공간에서,

1,000,000,000,000,000,000킬로미터나 움직여야 합니다.

그러므로 만약 우주 공간에서 1초 동안에 지구를 1미터 들어 올리려면, 지레의 끝을 누르는데 약 30조 년이 필요하게 됩니다.

아르키메데스가 그의 일생 동안 지레를 이용해서 지구를 들어 올리려 했다 해도, 그의 머리카락 두께만큼도 들어 올리지 못했을 것입니다.

왜냐 하면 지레를 누르려고 힘을 쓰기도 전에 그는 이미 죽고 말 것이기 때문입니다.

그렇다면 사람이 지레 끝을 누르지 않고, 최고도의 기술을 이용한다면 어떨까요?

이것 역시도 불가능한 이야기입니다.

지레의 끝을 우리 자연계에서 가장 빠른 빛의 속도(1초에 300,000킬로미터)로 움직인다면 공상해 보더라도, 지구를 1센티미터 들어 올리려면 1,000만년의 시간이 필요합니다.

그리고 인력에서도 말했듯이, 지구는 일정한 궤도로 움직이고 있고, 태양의 거대한 힘에 의해 곡선운동을 하는데, 인간이 가진 힘으로 지구를 들어 올린다는 것은 도대체 있을 수가 없는 일입니다.

이것은 '역학의 비례 법칙'에 의한 것이므로 지구를 들어 올린다는 것은 사실상 불가능한 일입니다.

지렛대 이야기가 나왔으므로, 그것과 비슷한, 경사를 이용한 이야기를 한 가지 덧붙이기로 합시다.

어린이 여러분은 건설 현장에서 사용되는 불도저나 굴착기 같은 것들을 자주 보았을 것입니다. 그 불도저나 굴착기도 사실은 지레의 원리에 의해서 만들어진 것입니다.

또한 지금은 거의 사용되고 있지 않지만, 예전에는 기름을 담아 놓은 드럼통이라는 것이 있었습니다. 혹시 이런 것을 눈여겨 보았다면, 경사면을 이용하는 모습이 즉시로 생각날 것입니다.

드럼통은 둥글고 크기 때문에 혼자서 들고 옮기기가 어렵습니다. 그런 어려움을 극복하기 위해 드럼통을 굴려서 이동시키기도 하고, 트럭에 옮겨 실을 때에는 그림과 같이 경사면을 이용해서 옮기기도 합니다.

이러한 경사면과 지레는 고대 이집트인들이 피라미드를 쌓는 데에도 이용되었습니다.

이집트인들이 피라미드를 쌓는 데 필요했던 돌들은 무척 크고 무거웠기 때문에, 이 원리를 이용하지 않았다면 피라미드 건축은 불가능했을 것입니다.

이렇게 지레의 원리는 우리의 생활에서 많이 이용되고 있습니다.

뉴턴과 만유인력

1642년 영국 링컨셔(Lincolnshire)의 울즈소프에서 지주의 유복자로 출생했다. 세 살 때 어머니가 재혼하면서 조부모에게 양육되었으나, 열 살 때 양부가 사망하면서 이복형제들과 함께 다시 어머니에게서 양육되었다. 성공회 신부인 외삼촌의 도움으로 1661년 케임브리지 대학교 트리니티 칼리지에 입학하여 근로 장학생으로 수학하였다. 물리학과 수학을 공부하였고, 연금술에도 관심을 갖고 있었다. 대학 재학 시절에는 데카르트의 사상과 허미티시즘 전통에서 동시에 영향을 받았다.

뉴턴은 재학 도중 영국 전역에 흑사병이 유행하자 학교가 휴교해 고향으로 돌아왔다. 1665년부터 2년에 걸쳐 깊은 사색을 통하여 중요한 과학적 발견들을 이루어냈다. 중력에 대한 영감을 받았고, 미적분의 계산법을 발견하였으며, 빛의 색을 탐구하였다. 그가 과수원의 사과나무 아래에서 떨어지는 사과를 보고 중력을 발견하였다는 일화는 진위가 불분명하나 뉴턴은 말년에 이 일화가 사실이라고 주장한 바 있다.

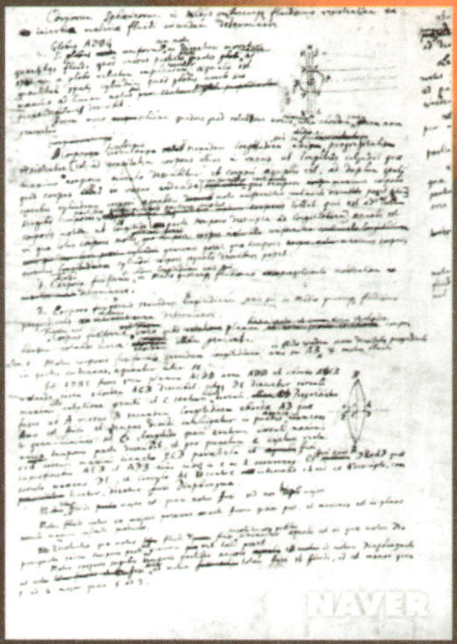

복학 이후 반사 망원경을 만들고, 왕립학회 회원으로 선출되어 활동하였다. 뉴턴은 1669년 스승 아이작 배로의 교수직을 승계하였다. 그의 강의는 지루한 것으로 유명하여, 빈 강의실에서 홀로 강의했다는 일화도 있다. 1666년 유분법을 발견하였는데 이는 오늘날의 미적분에 해당하는 것으로, 미적분 계산법을 누가 먼저 발견하였는지에 대하여 독일의 라이프니츠와 논쟁을 벌이기도 했다. 빛의 파동설을 주장한 네덜란드의 호이겐스에 맞서서 빛의 입자론을 주장하였으며, 빛과 색에 대한 연구로 광학 발전에 크게 기여하였고, 1704년에 <광학>을 저술하였다.

뉴턴에게 만유인력의 법칙을 깨닫게 해준 유명한 사과나무의 후손으로 캠브리지의 '식물학 정원'에 있다. 원래 사과나무는 1815-1820년 사이에 죽었다.

1687년 뉴턴은 에드먼드 핼리의 지원으로 <자연철학의 수학적 원리(프린키피아)>를 출간하였다. 이 책에는 뉴턴의 세 가지 법칙인 관성의 법칙, 운동의 법칙, 작용-반작용의 법칙에 대한 내용이 담겨 있었으며, 만유인력과 천문학에 대해서도 다루어져 있다. 만유인력에 대해서 뉴턴은 오래 전부터 구상하고 있었으나, 20년이 지나서야 <프린키피아>에서 구체적으로 이론화하게 되었다. 뉴턴의 <프린키피아>는 근대 이론물리학의 초석을 놓은 혁명적 저서로 평가받는다.1689년에는 국회의원으로 선출되었고, 왕립 조폐국의 이사와 왕립협회 회장으로도 활동했다. 평생 독신으로 살다가 1727년, 85세의 나이로 사망하였다.

중력과 에너지

원운동

원운동은 추를 실에 매달아 돌릴 때와 같이, 하나의 원을 그리면서 도는 운동을 말합니다.

물체가 원운동을 할 때는, 그 중심으로 향하려는 구심력과 바깥쪽으로 향하려는 원심력 이 두 가지가 함께 작용합니다.

구심력이란 운동하는 물체가 항상 원 위에 있도록 중심으로 끌어당기는 힘을 말합니다.

한번 실험을 해 봅시다. 추를 실에 매달고 돌려 봅시다. 이렇게 운동을 시키면 추가 멀리 달아나지 못하도록 실이 추를 잡아당긴다는 것을 느낄 수 있습니다. 이 힘이 바로 구심력인 것입니다.

원운동에서 힘의 방향은 가속도의 방향과 일치합니다. 그런데 물체가 원운동을 할 때, 그 물체의 가속도는 접선 가속도(곡선의 한 점에 닿을 때의 가속도)와 법선 가속도

(접선에 수직되는 직선에서의 가속도)로 나누어 생각할 수 있습니다. 따라서 원운동을 하는 물체에 작용하는 힘도 매 순간 궤도의 접선 방향과 일정한 각을 이룹니다.

구심력은 속도가 클수록, 그리고 원운동 때 원의 크기가 작을수록 그 힘이 커집니다.

원운동을 하는 물체에는 이와 같이 항상 구심력이 작용합니다. 동시에 뉴턴의 제3법칙에 의하여 구심력에 반대되는 반작용이 나타납니다.

이 반작용을 원심력이라고 합니다.

구심력의 작용점과 원심력의 작용점은 서로 다른 물체에 놓여 있습니다.

원심력과 구심력의 크기는 서로 같지만 그 방향이 정반대이며, 구심력이 없어지면 원심력도 없어집니다.

예를 들어 기차가 굽어진 곳을 돌아갈 때에는, 레일의 기차 바퀴에 구심력을 줍니다. 그러면 기차는 뉴턴의 반작용에 의하여, 힘이 레일의 바깥쪽으로 향하게 됩니다. 이것이 원심력입니다.

이 때의 힘이 너무 강하면, 레일이 파괴되는 결과를 가져옵니다.

따라서 이런 위험을 방지하기 위해서, 기차가 돌아가는 레일의 바깥쪽을 보통의 노선보다 조금 높여 경사지게 합니다.

이 때에는 기차의 무게가 안쪽으로 몰리게 되는데, 이것이 바로 구심력인 것입니다.

원운동은 관성의 법칙과 밀접한 관련이 있습니다.

원운동에는 물체가 정지하려는 관성과 운동하려는 관성

이 관련되어 있으므로, 구심력이나 원심력만으로는 설명이 어렵습니다. 그러므로 여기에서는 원운동에 있어서 이것이 회전의 관성과 어떤 관계가 있는지 알아보도록 합시다.

팽이를 돌려 봅시다.

요즘에는 장난감이 무척 많아서 팽이 놀이를 하는 어린이들을 거의 찾아볼 수가 없습니다.

간혹 있다 하더라도 플라스틱으로 만들어진 팽이를 가지고 노는 것이 전부입니다.

그러나 옛날에는 설이 되면, 많은 어린이들이 나무를 깎아서 팽이를 만들어 놀았습니다.

많은 사람들이 팽이놀이를 하였지만, 팽이가 때릴수록 잘 돌아가고, 넘어지지 않는 이유를 알아보려고 한 사람은 드물 것입니다. 그리고 그 이유를 설명할 수 있는 사람도 상당히 드물 것입니다.

팽이가 돌아갈 수 있는 원리를 실지로 팽이를 돌리면서 한번 알아봅시다.

팽이를 돌려 보면, 팽이는 약간 기울어져 있으면서도 넘어지지 않고 잘 돌아갑니다. 무엇이 팽이가 계속 회전할 수 있도록 해 주는 것일까요?

팽이의 회전에는 여러 법칙이 서로 관련되어 있어서 팽이의 원리에 대한 설명은 그리 간단하지가 않습니다. 따라서 여기에서는 팽이가 넘어지지 않는 기본 원인만을 살펴보기로 하겠습니다.

그림과 같은 방향으로 팽이를 돌려 보도록 합시다.

팽이는 A부분과 B부분의 운동을 주의해서 살펴보면, A부분은 시계처럼 왼쪽으로 오른쪽으로, 즉 여러분 쪽에서부터 돌아 나가면 B부분은 여러분들 쪽으로 돌아 들어옵니다.

팽이의 회전

이 때 팽이를 축을 약간 쳐서 여러분들 쪽으로 기울게 하면, A와 B의 두 부분이 어떤 운동을 하게 되는지 살펴봅시다.

이런 방법으로 팽이에게 충격을 주는 팽이는, A쪽은 위로 B쪽은 밑으로 갸우뚱거리며 돌아갑니다.

즉 팽이의 양 부분은 자기의 고유운동에 대하여 직각이 되는 방향으로 충격을 받으므로 결국은 우뚝 서서 계속 도는 것입니다.

또 한 가지 팽이의 몸체는 둥근 사선으로 되어 있으므로, 힘이 가운데로 몰리고, 그 힘이 중심이 되어 돌게 됩니다.

팽이는 채찍으로 때린 후에도 상당히 오랫동안 돌아갑니다.

이것은 회전의 관성이 작용하기 때문입니다. 팽이의 이해를 돕기 위해 팽이와 같이 회전의 관성인 달걀놀이를 해보도록 합시다.

우선 그림처럼 생달걀과 삶은 달걀에 고무 밴드를 세로로 끼웁니다. 그리고 두 겹으로 된 실 끝에 작은 고리를 만들어 고무 밴드를 걸쳐 매달아 놓습니다.

이 때 주의할 것은 계란은 타원형이고 고무 밴드는 늘어나는 성질이 있으므로 고무 밴드가 벗겨지지 않도록 꼭 조여서 걸치거나, 테이프로 붙여서 고정시키도록 해야 합니다. 그리고는 실이 꼬아지도록 오른쪽이나 왼쪽으로 돌립니다.

달걀에서 손을 떼면, 삶은 달걀은 계란을 돌린 반대쪽으로 돌다가 다 돌아가면 이번에는 또 그 반대 방향으로 돌기 시작합니다. 그리고는 다시 반대 방향으로, 또 다시 반대 방향으로…….

이렇게 몇 번을 되풀이하면서 삶은 달걀이 정지하기까지는 시간이 꽤 걸립니다.

그런데 생달걀은 꼬임이 풀리면 당장에 서 버립니다.

왜 이런 현상이 일어날까요?

그 이유는 삶은 달걀은 그 속이 굳어져 있어서 껍데기와

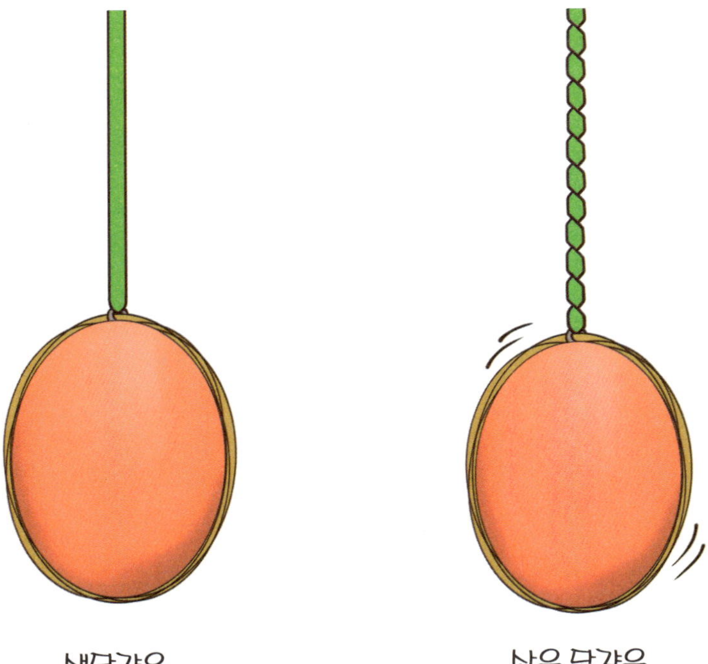

속이 한 몸이 되어 돌았습니다. 그러나 생달걀은 껍질 속이 액체로 되어 있어서 껍데기와 속이 한몸이 되어 돌 수가 없기 때문입니다.

달걀은 실이 꼬인 것을 도로 풀면서 회전을 합니다.

삶은 달걀은 회전의 관성 때문에 실이 다 풀렸는데도 계속 돌고 있었던 것입니다. 그렇지만 생달걀은 속이 흐물흐물한 액체 상태를 가지고 있으므로 '정지의 관성'에 의해서 실이 다 풀려 버리면 바로 정지해 버리는 것입니다. 그러므로 생달걀의 속은 달걀의 회전에 브레이크를 거는 것입니다.

총알과 회전하는 접시

회전 운동은 팽이나 달걀 이외에도 곡예단에서 보여 주는 여러 가지 묘기 중에서 접시, 모자, 우산 등을 빨리 회전시키면서 공중으로 던지고, 서로 주고받을 때에도 볼 수 있습니다.

이러한 곡예단의 묘기에는 보여지는 회전 운동은 간단한 관성의 법칙을 이용하고 있습니다.

먼저 접시를 돌리는 사람을 생각해 봅시다.

음악이 신나게 들려오기 시작하면, 어느 틈엔지 곡예사는 가벼운 막대기 위에 접시를 돌리며 나타납니다. (이것은 팽이와 같은 원리입니다)

막대기는 접시의 중심이 아닌 가장자리 부분을 회전시키고 있습니다. 보기에는 무척 위험스러워 보이지만, 그렇게 하는 편이 갑작스러운 회전을 더 잘 할 수 있게 합니다.

곡예사는 접시를 계속 회전시키면서 뒹굴어 보이기도 하고, 드러눕기도 하는가 하면, 막대기를 이 손에서 저 손으로 옮겨 가면서 회전시켜 보입니다.

그렇게까지 해도 접시가 막대기 위에서 떨어지지 않는 이유는, 회전하는 축의 방향을 끊임없이 같은 방향으로 유지하려고 하기 때문입니다.

소총의 탄환도 날아가고 있는 사이에는 팽이나 접시처럼 회전을 유지합니다.

소총은 그 총신에 나선형의 홈이 파져 있기 때문에, 총알이 총신 속을 달려 나갈 때, 거센 회전 운동을 하게 됩니다.

이런 이유로 공기 속을 날아가고 있는 동안에 총알은 공중제비를 하는 일이 없습니다. 그리고 총알의 축은 총신이 향하고 있는 방향을 유지하려고 그 앞머리를 항상 앞쪽으로 향합니다.

현대의 대포도 마찬가지로 되어 있습니다.

대포도 역시 포신에 나선형의 홈이 파여 있고 그 포탄도 팽이처럼 회전하며 그 앞머리를 앞쪽으로 돌리고 날아갑니다. 그러므로 현대의 대포에 쓰이는 포탄은 옛날의 선조(나선형의 홈) 없는 대포의 둥근 포탄보다도 더 멀리까지 날아가서 표적에 정확히 명중합니다.

19세기 초에 이미 세계 각국의 보병들이 장비하고 있던 홈이 없는 소총은 오늘날에는 사냥에나 이용되고 있을 뿐입니다. 왜냐 하면 사냥꾼들은 한 번에 한 발씩 나가는 산탄총을 사용하기 때문입니다.

이와 같이 사냥에서는 총신의 내부가 나선형으로 되어 있는 총은 쓰이지 않습니다.

때로는 선조가 없는 총에 큼직한 납으로 된 탄환을 발사하는 경우도 있습니다. 그렇지만 그다지 멀리까지 가지도 않을 뿐만 아니라 속도가 느려서 명중률도 낮습니다.

옛날의 대포알 모양

총알자체가 회전운동을 하는 현대의 총알

그렇다면 나선형으로 된 총의 총알은 왜 회전을 하면서 멀리까지 날아갈 수 있을까요?

그것은 동전을 회전시키면서 손바닥 위로 던져 올릴 때와 같습니다.

동전이나 모자를 던져 올릴 때, 회전시켜서 올리면, 그것들은 회전하면서 내려옵니다. 그 때는 손이 회전 운동을 동전에까지 주고 있으므로 동전이 회전하면서 내려오는 것입니다.

총의 경우, 총알이 날아가는 것은 방아쇠에 의해 큰 힘으로 나아가는 것입니다. 이 때 총알이 회전하는 것은 총신의 내부에 나선형의 홈이 있으므로, 그 홈을 따라서 회전을 하는 것입니다. 총알은 총신에서의 회전 운동으로 인해, 총신을 벗어난 후에도 회전의 관성으로 계속해서 회전을 계속합니다.

모터바이크 요술

여러분들은 텔레비전 쇼 프로그램에서 둥그런 수직 원 속에서 모터바이크가 빙글빙글 도는 쇼를 본 적이 있을 것입니다.

이런 쇼들을 보면서, 여러분들은 '거기에 무슨 요술이 있나 보다' 혹은 '속력이 무척 빠르니까 그 힘으로 몇 번 도는 것이 아닐까' 라고 생각했을 것입니다.

경사면에서 굴러 내려오면 모터바이크는 아래로부터 원 속으로 들어간 후, 원의 윗부분에서는 거꾸로 서서 가게 되고, 그 후 다시 굴러 내려옵니다. 이러한 원은 둘 또는 셋이나 계속되는 때도 있습니다.

이것을 보는 사람들은 아슬아슬하여 재미도 있고, 거기에 어떤 신비로운 힘이 숨어 있을 거라고 생각할 것입니다.

그러나 이러한 묘기는 우선 숙련된 기술이 있어야지만 가능하고, 두 번째로는 운동의 회전(관성)으로 설명이 완전해집니다.

이 묘기(그림 1)를 자세히 살펴보면 운동의 회전은 대단하다는 것을 알 수 있을 것입니다.

<모터바이크 쇼>

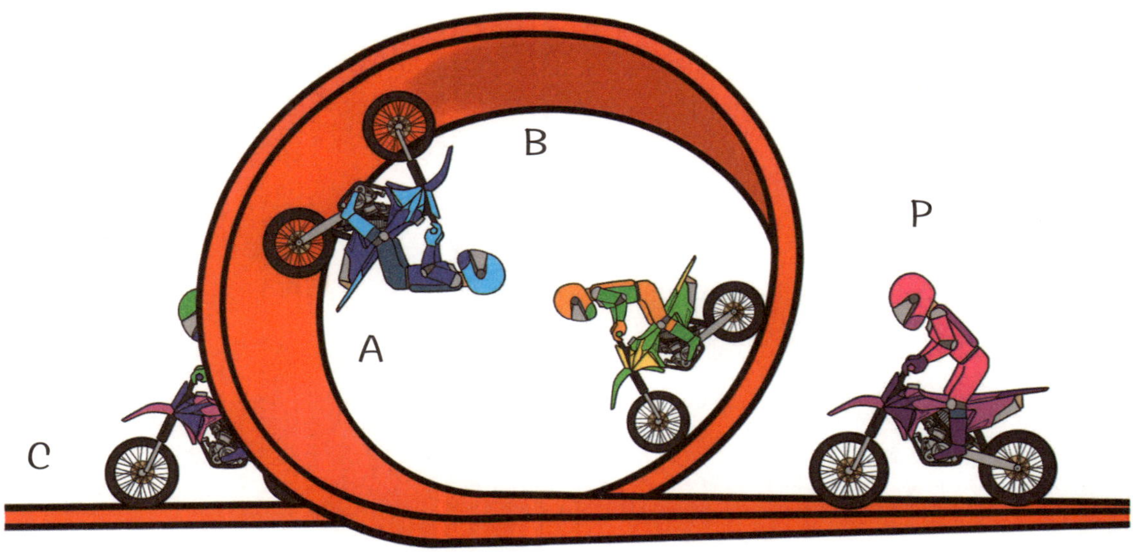

<그림 1>

모터바이크들은 P에서 A쪽으로 향해 속력을 내면서 내려옵니다. 이 때 여러분은 내리막길에서의 가속도를 생각해야 할 필요성이 있습니다.

가속도는 짧은 거리에서 속도를 많이 내면 낼수록 그 가속도가 증가한다는 것이 생각날 것입니다.

만약 A부분에서 속도가 약해서 가속도가 붙지 않을 정도라면 B의 구역에는 올라갈 수가 없게 됩니다. 그러므로 A에서는 그 속도가 무척 빨라져야만 A' 부분에서 B까지 올라갈 수 있게 되는 것입니다.

A' 에서 B까지는 사실상 그렇게 어렵지는 않습니다. 우리가 두 발 자전거의 페달을 힘차게 구르면서 가거나, 혹은 스케이트보드를 타고 속력을 내면 약간 경사가 심한 부분도 거뜬히 올라갈 수 있는 것으로도 쉽게 알 수 있습니다.

중요한 것은 이제부터입니다.

A부분에서 속력을 제대로 내지 못했다고 하면, 아마도 B부분에서는 거꾸로 곤두박질을 당하게 될 것입니다.

그러나 B부분을 제대로 올라갔다면, 속도는 A' 의 상태를 거의 유지하고 있으므로 내려올 때의 속력을 줄이려 한다든지 속력을 더 내려고 해서는 안 됩니다. 그냥 핸들만 잡고 몸의 균형을 잡아야만 합니다.

이러한 묘기는 특별한 기술과 역학의 법칙 이외에 인공적인 것이 또 하나 있습니다. 그것은 수직원에 있는데, 이

원은 오토바이가 회전할 수 있도록 경사를 특별하게 잡아 놓고 있습니다. 왜냐 하면 그 속도가 상당히 빠르기 때문에 위험스럽기 때문이지요.

여러분들이 위험한 오토바이를 직접 타면서 묘기를 할 수 없으므로 실험을 통해서 한번 알아보도록 합시다.

우선 대야에 반지나 동전을 넣고 양손으로 대야를 잡고,

동전이 원을 그릴 수 있도록 대야를 돌립니다.

처음에 천천히 돌리면 동전은 거의 제자리에서 움직이지만, 좀더 빠르게 돌리면, 동전은 대야의 경사면에 대해서 안쪽으로 기울면서 달릴 것입니다.

만일 동전의 속도가 너무 빠르면 바깥으로 튀어 나오게 되므로 속도를 조절하면서 돌립니다.

이것은 물통에 물을 넣고 빨리 회전하면 물이 쏟아지지 않는 것과도 같습니다.

중력

중력은 지구 위의 물체에 작용하는 힘입니다. 이것은 인력과 지구의 자전에 의해 생기는 원심력을 합한 것입니다.

지구는 그 표면 주위의 모든 물체에 끌어당기는 힘이 작용합니다.

따라서 인간은 고대로부터 이 힘의 특성에 관하여 관심을 가졌습니다.

이것도 역시 아리스토텔레스부터 시작되었다고 할 수 있습니다.

아리스토텔레스는 중력에 관하여 다음과 같이 쓰고 있습니다.

"질량이 서로 다른 두 개의 물체가 중력에 의해 떨어진

다고 할 때, 무거운 물체가 가벼운 물체보다 더 빨리 떨어진다. 예를 들어 나무공과 쇠공을 같은 높이에서 동시에 떨어뜨린다면, 쇠공이 나무공보다 먼저 땅에 떨어질 것이다."

아리스토텔레스가 이렇게 쓰고 있다고는 하지만, 실험에 의해 이런 결과가 나타난 것이 아닙니다.

아리스토텔레스는 책상에 앉아서 그렇게 될 것이라고 생각하고 말했던 것입니다.

이것은 갈릴레이에 의해 아리스토텔레스의 잘못이 밝혀졌습니다.

갈릴레이는 아리스토텔레스의 주장을 신중하게 분석해서 실험을 했습니다. 실험 결과에 의하면 나무공이나 쇠공은 같은 장소에서 똑같이 떨어뜨리면 동시에 땅에 떨어진다는 것이었습니다.

이로써 낙하운동은 물체의 성질이나 무게에 관계없이 중

력이 작용한다는 것을 알아 냈습니다.

그러나 만약 돌멩이와 깃털을 동시에 떨어뜨리면 깃털은 돌멩이보다 훨씬 늦게까지 날아다니다가 땅에 떨어집니다.

분명 중력은 무게와 질량에 관계가 없다고 했는데, 그렇다면 중력은 엉터리라고 여러분들은 생각할 것입니다.

과연 중력이 엉터리일까요?

아닙니다. 중력은 언제, 어디서든지 그 성질에서 변화가 없습니다.

돌멩이와 깃털의 떨어지는 속도가 달랐던 것은 중력이 엉터리여서가 아니라 다른 방해물이 있었기 때문입니다. 그것은 바로 공기의 저항 때문입니다.

우리가 살아가고 있는 지구에는 공기의 저항이 있습니다.

만약 공기가 없는 달에서 깃털과 돌멩이를 동시에 떨어뜨린다면, 그 두 물체는 방해할 것이 없으므로 무게와 관계없이 동시에 떨어지게 됩니다.

돌멩이는 그 무게가 무거우므로 공기의 저항을 받지 않지만, 깃털은 무게가 별로 없으므로 공기와 바람의 영향을 받아서 곧바로 내려오지 못했던 것입니다.

갈릴레이의 낙하운동의 실험은 뉴턴으로 하여금 중력 법칙을 이론화하는데 큰 도움을 주었습니다.

실지로 뉴턴의 법칙은 천체상의 여러 현상들을 설명 가능하게 하였습니다.

앞의 만유인력에서 설명했던 용수철 저울로 무게를 쟀을 때, 적도와 극지방에서 보인 무게의 차이는 역시 중력과 관계가 있습니다.

용수철 저울의 무게는 실지로 그 물건이 가지는 중력의 크기를 잰 것입니다. 중력의 크기를 재려면 물체를 진공 속으로 던져서 직접 측정하는 방법이 있는데, 이 방법은 중력 측정 방법 중에서 가장 정확합니다.

이 경우 길이는 레이저 광선을 써서 측정하고, 시간의 측정에는 원자시계를 씁니다.

이것은 포물선 운동의 시간과 낙하 거리와의 관계를 이용하는 것으로, 중력의 10억분의 1정도까지 정확히 측정할 수 있습니다.

용수철의 늘어나는 성질을 이용한 중력계라는 장치도 있습니다.

이 장치를 사용하면, 중력의 1억분의 1부터 10억분의 1까지 정확히 측정할 수 있습니다. 이것을 조금 개량하면 배 안에서 해상의 중력을 측정할 수도 있게 됩니다.

중력을 알아보는 또 하나의 방법은 인공위성에 의한 것입니다.

중력은 각 지역마다 차이가 있으므로 그 지역에 전체적인 표준 중력을 표시합니다.

표준 중력에서 특별히 중력의 차이가 생길 때는 '중력이상' 이라고 합니다.

중력 이상은 지구의 내부에 있는 매틀이 대류에 의해 다른 모습으로 형성되었다고 생각되는 경우입니다. 이런 중력 이상은 광맥이나 유전을 발견하는데 큰 도움이 될 때도 있습니다.

폭탄을 타고 우주 여행을

어떤 공상 과학 만화를 보면, 굉장히 큰 대포를 만들고, 그 속에 사람이 들어가 있는 포탄을 발사하여 달나라로 보내기로 결정하였다는 이야기를 쓰고 있습니다.

이 이야기가 과연 가능할까요?

이 이야기를 하기 이전에 뉴턴이 '물리학의 수학적 기초'에서 쓴 말을 한 번 생각해 봅시다.

"우리가 던지는 돌은 중력의 작용에 의하여 처음의 직전 경로에서 벗어나 곡선을 그리면서 도로 지구에 떨어진다. 물론 돌은 큰 속도로 던질수록 더 높이 올라가면서 날아가다가 떨어진다. 그러므로 만약 속도를 백 배, 천 배 등으로 점점 크게 할수록 돌은 1킬로미터, 100킬로미터 등등으로 멀리 날아가다가 결국은 지구 밖으로 날아가서 다시는 지구에 돌아오지 않을 경우도 있다.

그리고 높은 산 위에 대포를 놓고 무척 큰 힘으로 대포를 쏘면, 그 포탄은 속도가 일정한 한계에 도달하면 지구를 일주하고 다시 산꼭대기로 돌아올 것이다. 이렇게 되돌아

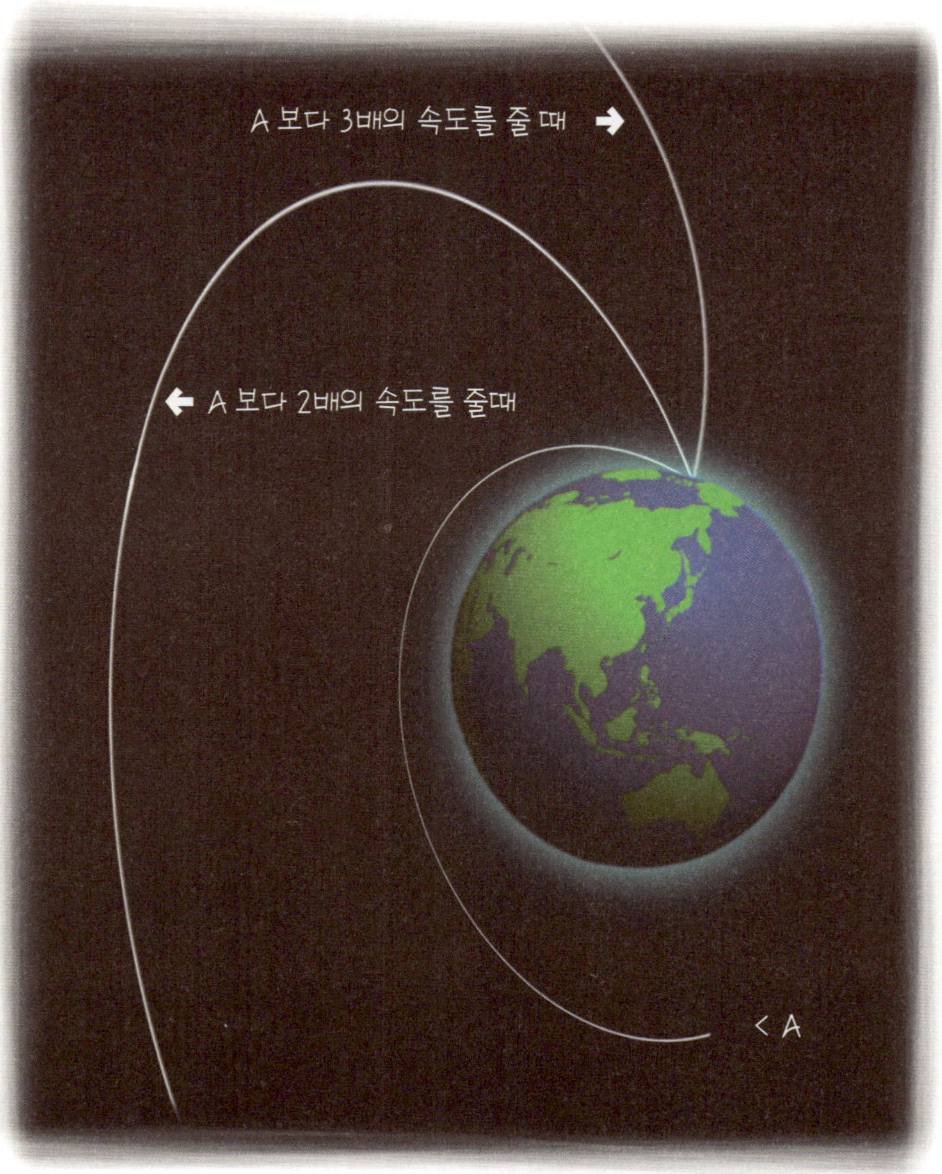
A 보다 3배의 속도를 줄 때
A 보다 2배의 속도를 줄때
< A

온 물체의 속도는 던질 때의 속도와 다름이 없기 때문에, 물체는 다시 지구를 도는 운동을 계속할 것이다.”

만약에 이러한 가장하에 높은 산 위에 큰 대포를 놓고 굉장히 큰 속도로 수평 방향으로 쏜다면, 포탄은 역시 지구를 돌 것입니다.

이러한 가상적인 포탄이 지구를 돌도록 하려면, 포탄에 얼마만한 초속도를 주어야 할까요? 간단한 계산에 의하면 매초 8킬로미터라는 값이 나옵니다.

즉, 매초 8킬로미터로 발사한 포탄이라면 마치 지구의 위성처럼 지구 위를 공전할 것입니다.

이러한 포탄 위성은 지구의 적

도 위에 있는 물체보다 17배나 빠른 속도로 돌 것이며 지구를 1시간 24분 동안에 일주할 것입니다.

만약에 포탄에 더 큰 속도를 준다면, 지구의 원에 따라서가 아니라, 지구로부터 먼 거리에 떨어져서 길쭉한 타원을 그리면서 돌 것입니다. 그리고 더 큰 초속도라면 포탄은 지구에 돌아오지 않고 우주 공간에서 끝없는 여행을 할 것입니다.

이와 같이 지구의 속박을 완전히 벗어나서 한 없는 우주여행을 하기 위한 초속도는 매초 11킬로미터입니다.

그러나 현대의 대포로 얻을 수 있는 최대 초속도는 매초 2킬로미터 정도에 불과합니다.

이와 같은 사실을 전제로 하면서 대포알을 타고 달나라로 간다고 하고, 달나라로 가는 동안 무슨 일이 일어나는지 알아보도록 합시다.

소설에 의하면, 대포의 길이는 1.5킬로미터의 굉장히 큰 것으로, 땅에 수직 방향으로 파묻습니다.

포탄은 그 속에 사람이 들어가 앉을 수 있도록 하였고, 무게가 8톤이 됩니다. 이 포탄을 발사하기 위해서는 160톤의 화약이 필요합니다.

이것은 물리학적으로 가능할까요?

이 소설을 아무 생각 없이 받아들인다면 그럴듯하게 보입니다. 그러나 물리학에서 밝혀진 사실에 비추어 보면 많은 결함들이 나타납니다.

첫째, 화약을 사용하는 대포로써는 어느 때나 포탄에 매초 3킬로미터 이상의 속도를 주기가 곤란합니다.

둘째로, 그렇게 큰 속도라면 그에 맞서 작용하는 공기의 저항에 대한 고려가 없습니다. 공기의 저항을 생각한다면 포탄의 비행 속도, 비행 거리 등이 모두 달라질 것입니다.

셋째, 가장 중요한 결함은 포탄 속에 앉아 있는 사람이 짧은 시간 동안에 그렇게도 급격한 운동 변화에 견디어 내지 못한다는 사실입니다.

만약 대포의 포구를 무사히 튀어나올 수만 있다면 만사는 해결됩니다. 하지만 처음 대포를 장치한 곳에서부터 포구까지의 운동이 인간의 생명에는 결정적으로 위험합니다. 이 위험만 지나면 그 후의 대기속 또는 우주 공간에서의 여행은 아무리 그 속도가 빠르더라도 위험은 하나도 없습니다. 그 이유는 지구 위에서 인간의 지구와 함께 굉장한 큰 속도로 태양의 주위를 돌고 있지만 위험성이 없는 것과 같습니다.

그런데 포탄이 포신에서 튀어나올 때는 왜 위험한 것일까요?

그것은 포탄이 포신 속에서 나올 때 1초에 16킬로미터의 속도를 가지고 있기 때문입니다. 매초마다 그렇게 큰 속도를 내기 위해서는 가속도가 약 600킬로미터/초2로 됩니다. 지상에서 보통 중력의 가속도는 겨우 9.8미터/초2이라는 것을 생각해 본다면 이 숫자는 실로 엄청납니다. 이것은 지구 중력의 가속도보다 약 6만 배나 더 큰 가속도 운동입니다.

따라서 포탄 속에 앉아 있는 승객은 발사시에 자기의 무게보다 6만 배나 되는 압력으로 인하여 승객들은 순간적으로 오징어처럼 압착될 것입니다.

승객이 만약 모자를 쓰고 있었다면 모자는 15톤의 무게가 될 것입니다.

이 결과는 상상할 수 없을 만큼 비참하지만, 실지로 이런 일은 일어날 수가 없는 것이 현실입니다.

인공 위성은 왜 떨어지지 않을까요?

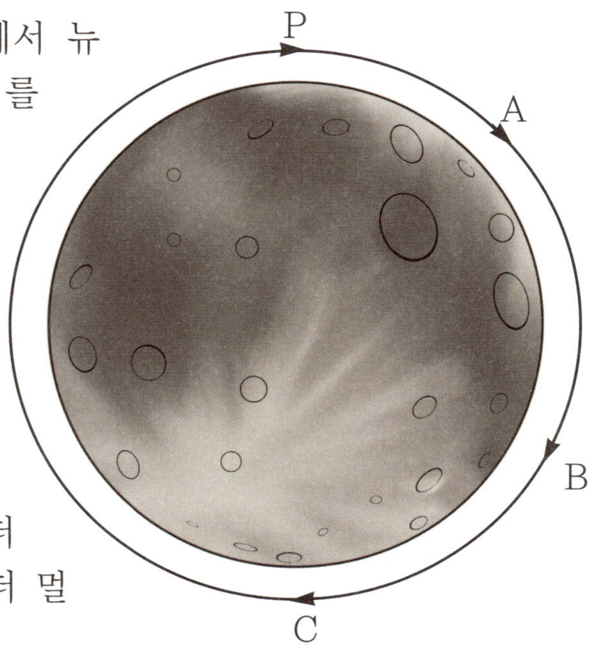

포탄을 탄 우주 여행에서 뉴턴의 중력 가설 이야기를 한 적이 있었습니다. 인공 위성은 그 원리와 아주 비슷한 것입니다.

달에서 제일 높은 산 P에 올라가서 총을 쏩니다. 그러면 처음에는 A에 가서 떨어지게 됩니다. 탄환의 빠르기를 더 크게 해서 쏘면 총알은 더 멀리 날아가게 되어 A, B를 지나 점차 더 멀리까지 가고, P와 정반대인 C에 떨어집니다.

이것보다 빠르기를 더 크게 하면 C에서도 떨어지지 않고 본래의 점 P까지 돌아오게 됩니다.

이처럼 탄환을 A에서 수평 방향으로 초마다 1,700미터로 발사하면 탄환은 달 주위를 원운동하여 본래 지점으로 돌아옵니다.

그러나 지구의 경우는 달과는 달리 공기가 있으므로 산꼭대기에서 수평으로 탄환을 발사하여 원래 지점으로 돌아온다는 것은 생각할 수 없습니다. 그러나 지상 1백 킬로미터의 높이가 되면 공기의 밀도가 매우 희박해집니다. 이 높이에서 탄환을 수평으로 쏘면 달에서와 같이 지구를 돌게 됩니다.

지구에서 가장 높은 산은 에베레스트산이며 그 높이는 8,848미터입니다. 그러나 이 높이가 되어서도 공기의 밀도는 지상의 2.6분의 1정도이므로 공기의 저항이 있습니다.

따라서 공기의 저항이 매우 작아지는 곳의 높이로 올라가려면, 약 2백 킬로미터나 올라가야 하므로 로켓을 써야 합니다.

지상에서 로켓을 2백 킬로미터 정도의 높이로 쏘아 올려서 그로부터 수평으로 날게 하면 됩니다. 이 높이에서 수평으로 쏜다면 공기의 저항을 생각하지 않아도 되므로, 달

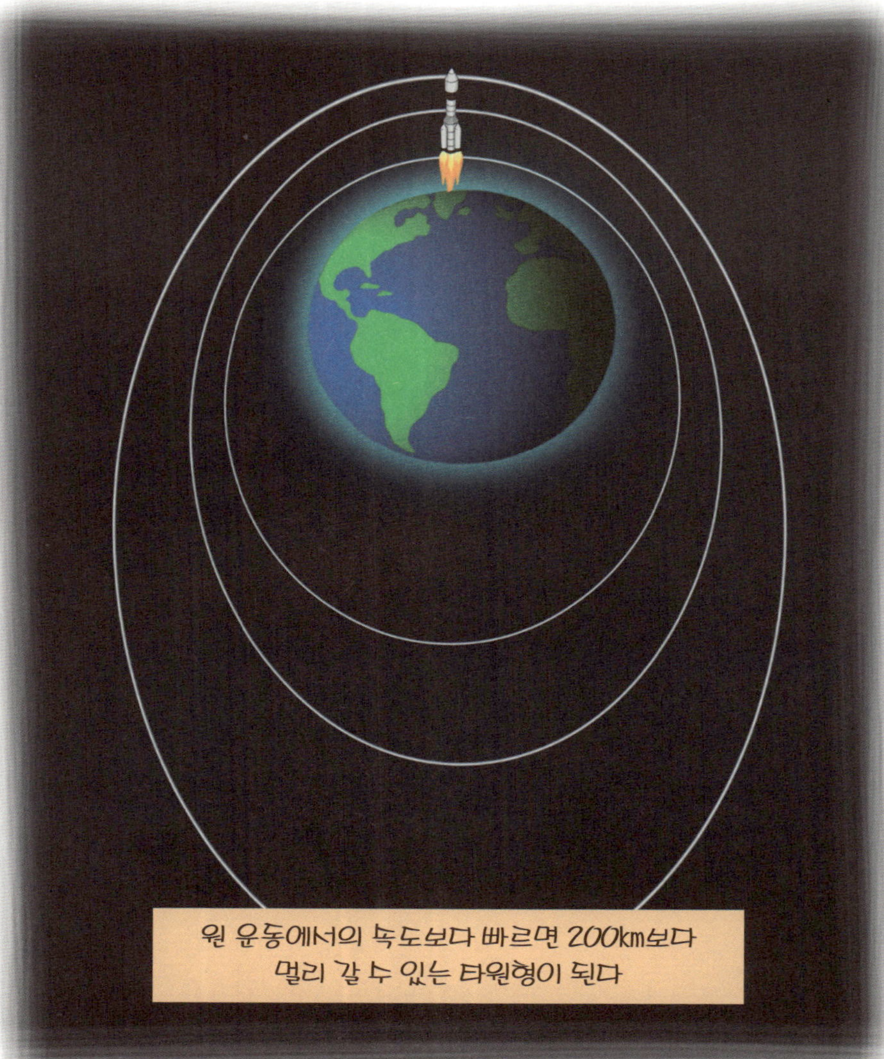

의 산에서 탄환을 수평으로 발사한 경우와 같게 됩니다.

지구의 중력은 달의 중력보다 크므로 달에서는 1,700미터로 가능했지만, 지구에서는 초속 약 7.8킬로미터가 되었을 때 비로소 원운동이 가능해집니다. 빠르기가 이보다 크면, 물체는 지상 2백 킬로미터보다도 멀리 갈 수 있는 타원형으로 돌게 됩니다. 이것보다 빠르기가 훨씬 작으며 지상 2백 킬로미터 이하인 곳까지밖에 못 가며, 지상 1백 킬로미터보다 낮아지면 공기 밀도가 많아져서 공기의 저항도 커집니다. 그러면 지상으로 낙하하게 됩니다.

지구 둘레를 원 또는 타원 궤도를 그리며 회전하는 것을 위성이라고 합니다.

위성은 본래 달처럼 혹성의 둘레를 회전하는 천체인데, 인공적으로 쏘아 올린 물체 역시 위성이라 부릅니다.

인공 위성은 지상 2백 킬로미터 높이까지 쏘아 올리려면 매우 다량의 연료가 필요합니다. 그러므로 지상에 쏘아 올릴 때의 무게는 인공 위성 자체의 50~100배 정도나 됩니다.

위성에는 '정지 위성' 이라는 것이 있습니다. 이것은 지구에서 볼 때, 언제나 그 자리에 있으므로 정지 위성이라 합니다.

이 위성은 지구의 자전과 같은 주기로 지구를 돌기 때문에 지구의 같은 지점에 위치하는데, 적도상의 점으로부터 3만 5천8백 킬로미터의 높이에 있습니다.

우리가 좋아하는 스포츠를 지구의 반대편에서 할 때도 이 정지 위성을 통해서 볼 수 있고, 국제 통신을 가능하게도 합니다.

사라진 중력

인류는 옛날부터 중력을 조절해 보고 싶은 욕망이 있었습니다. 그런 욕망 중의 하나가 '반중력 조절' 이라는 것입니다. 그러나 그러한 것은 아직 욕망에 불과하고, 공상 소설에나 등장할 뿐입니다.

공상 과학 소설에서 주로 등장하는 반중력 벨트, 반중력 엔진, 반중력 파괴 장치 등을 실지로 만들어 낼 수 있다면 이것은 일종의 무기나, 대규모 토목 기계로 사용될 수도 있을 것입니다.

예를 들어 반중력 광선을 목적물에 비추면 그 부분은 중력이 작용하지 못하게 때문에, 마치 칼로 두부를 자르듯 깨끗이 떨어져 나갈 것입니다.

또한 반중력 파괴 장치를 방해가 되는 혹성에 장치해서 스위치 하나로 그 혹성을 산산이 부술 수도 있습니다. 이것은 화약이 필요하지 않은 중력 다이너마이트라고 할 수 있습니다.

이밖에도 곧잘 화제에 오르는 비행접시도 반중력 엔진을 가지고 있을지 모른다고 과학자들은 말합니다. 그 까닭은 비행접시가 별안간 직각으로 돌기도 하고, 급상승이나 급강하를 하기도 하며, 때로는 공중에서 우뚝 서기도 한다는 데서 나온 이야기입니다.

그런 신기한 방법으로 날아다닐 수 있는 것은 중력 조절이 없이는 불가능합니다.

그러나 비행접시는 공식적으로 그 존재가 확인된 것이 아니므로, 그것이 반중력 엔진을 가진 것인지는 아직 밝혀지지 않았습니다.

중력은 지금까지의 설명으로 알다시피 물질과는 끊을래야 끊을 수 없는 관계에 있습니다. 물질이 있는 곳에는 반드시 중력이 있습니다. 따라서 '중력을 없앤다거나 중력이 없어지면',이라는 생각은 사실 무리한 이야기라고 할 수 있습니다.

그러나 만약 중력이 없어진다면 이 세상은 어떻게 될까

요?

우주 비행사들처럼 멋진 모습으로 공중을 떠돌아 다닐 수 있을까요? 그러나 절대로 그렇게 되지는 않습니다.

만약 갑자기 중력이 0이 된다면 지구상에 있는 것은 전부 대폭발이라도 일어난 것처럼 우주 공간에 내동댕이쳐질 것입니다. 바닷물도 마치 어항을 흔들어 돌렸을 때처럼 한꺼번에 우주로 뛰쳐 나가 버릴 것입니다.

우리 인간들은 어떻게 될까요? 생각할 것도 없이 우주 밖으로 쏜살처럼 튕겨져 날아가서 우주 미아가 될 것입니다.

우리들이 우주 미아가 되지 않고 편안히 살아갈 수 있는 것은 중력 덕분입니다.

그렇지만 먼 미래에는 중력을 조절하는 일이 있을 수도 있습니다.

인류는 지금까지 많은 어려움을 극복하고, 인간에게 필요한 것은 거의 가능하도록 했습니다. 중력도 예외는 아닐 것입니다.

마 찰

마찰은 A와 B가 서로 접촉하면서 상대적으로 운동할 때, A와 B의 접촉면에서 나타나는 힘을 말합니다. 그러므로 마찰은 항상 물체의 운동을 방해하는 방향으로 작용하며, 두 물체의 상대속도에 관계됩니다.

우리 주위에서 운동하고 있는 물체는 그것이 다른 물체

와의 마찰로 이루어지고 있습니다.

여러분은 매끄러운 바닥에서 무거운 물체를 움직일 때, 처음 움직일 때는 무척 힘이 들지만 일단 움직이기 시작하면 이외로 힘이 들지 않는 것을 경험해 보았을 것입니다.

처음에 물체를 움직이기 어려운 것은 물체와 바닥 사이에 마찰이 있기 때문입니다. 이것을 '정지 마찰' 이라고 합니다.

그러면 움직이기 시작한 물체는 마찰이 없어지는 것일까요? 그렇지는 않습니다. 물체가 움직이고 있을 때는 '운동 마찰' 이 일어나고 있답니다.

이 운동 마찰은 A와 B가 평평하고 그 둘 사이에 다른 물체가 없을 때 성립됩니다.

우리는 인간 관계가 원만하게 진행되지 않을 때 곧잘 '마찰이 많다' 고 합니다.

이것은 우리가 마찰이라는 것을 불쾌하고 거추장스러운 것이라고만 생각하기 때문입니다.

마찰은 거추장스러운 것이라기보다는 까다로운 것입니다.

예를 들어, 부품과 부품 사이에 큰 마찰이 있는 기계는 삐걱거리며 힘겹게 돌아갈 것입니다. 실지로 옛날에는 나무로 만든 자전거가 있었는데, 이 자전거는 바퀴도 나무로 되어 있어서 1킬로미터도 못가서 땀을 뻘뻘 흘렸다고 합니다.

마찰은 물체의 성질에 따라서 크기도 달라집니다. 가령 나무와 나무를 마찰시키는 편이 금속끼리 마찰시키는 것보다 그 마찰이 커지고 그 마찰하는 표면이 매끄러울수록 마찰이 적어집니다.

얼음 위에서는 걷기가 힘들어요

추운 겨울이 되면 너나없이 우리 어린이들은 스케이트를 메고 스케이트장으로 달려갑니다. 그리고는 칼날이 달려 있는 스케이트를 신고 신이 나서 씽씽거리며 얼음 위를 달려나갑니다.

왜 스케이트 이야기를 하는지 여러분은 궁금하겠죠? 사실 스케이트에는 중요한 것이 숨어 있습니다.

여러분들이 만약 스케이트를 신고 얼음이 아닌 아스팔트 위나 흙 위를 지난다고 했다면 스케이트는 도무지 미끄러지지 않고 앞으로 나아가지도 않을 것입니다. 스케이트는 왜 얼음 위에서만 달릴 수 있을까요? 그것은 얼음 위에는 마찰이 적어져서 잘 미끄러지기 때문입니다.

그렇다면 아스팔트 위에서는 스케이트 타는 일이 절대 불가능할까요? 아스팔트나 땅 위에서서도 스케이트를 탈 수 있습니다. 다만 칼날이 달린 것이 아니라 바퀴가 달려 있다는 차이가 있을 뿐입니다.

얼음이 마찰이 적었다면, 아스팔트에서는 롤러 스케이트

누르는 힘이 클수록
마찰력은 크다

누르는 힘이 적을수
록 마찰력은 적다

표면이 거칠면
마찰이 크다

표면이 매끄러우면
마찰이 적다

의 바퀴가 구르면서 마찰을 줄인 것입니다.

즉, A가 마찰이 없을 경우 B는 그것을 이용하고, 반대로 A가 마찰이 있을 경우 B 스스로가 마찰을 줄이면서 어울리는 것입니다.

이것은 우리 생활과도 비슷합니다.

친구와 친하게 지내다가 한 친구가 토라져 있다면, 다른 친구는 토라진 친구를 달래서 마찰이 적어지면 또 다시 친하게 지낼 수 있는 것과 같습니다.

우리의 생활에서 일어나는 이러한 마찰이라면, 우리는

서로 마찰을 줄여 나가야 할 것입니다.

앞에서도 이야기했지만, 마찰은 표면이 매끄러울수록 적어집니다. 그러므로 삐걱거리는 기계를 잘 돌아가게 하기 위해서는 마찰이 적어지도록 해야 합니다. 그렇게 하기 위해서는 윤활유를 칩니다.

얼음 위에서 스케이트를 탈 때에 자세히 보면 스케이트가 지나간 자리에는 얼음이 녹은 물이 있습니다. 이것도 윤활유와 비슷한 것입니다.

윤활유는 매끄러운 것이므로 마찰이 아주 적습니다.

작은 기계가 빽빽해서 돌아가지 않을 때는 윤활유를 쳐 주면 되지만, 같은 기계라 해도 윤활유를 치기 어려운 거대한 기계들이 있습니다. 이런 경우, 윤활유가 아니면서 마찰을 적게 해 주는 것이 있습니다. 매끄럽지 않은 땅 위에서 롤러 스케이트를 신기는 것입니다. 기계와 기계가 회전할 때, 서로 맞닿는 면에 틈을 주고 그 곳에 구슬이나 원추형의 베어링을 끼워 주는 것입니다. 그러면 기계는 신이 나서 도는데, 이 때 베어링도 같이 돌아갑니다. 그렇게 되면 마찰은 아주 적어집니다.

마찰은 우리의 눈에 닿지 않는 곳에서도 큰 힘으로 작용하고 있습니다.

높은 하늘을 날아가는 제트기는 강력한 제트 엔진으로 기체를 밀어내고 그 반작용으로 앞으로 나아갈 수 있는 것입니다.

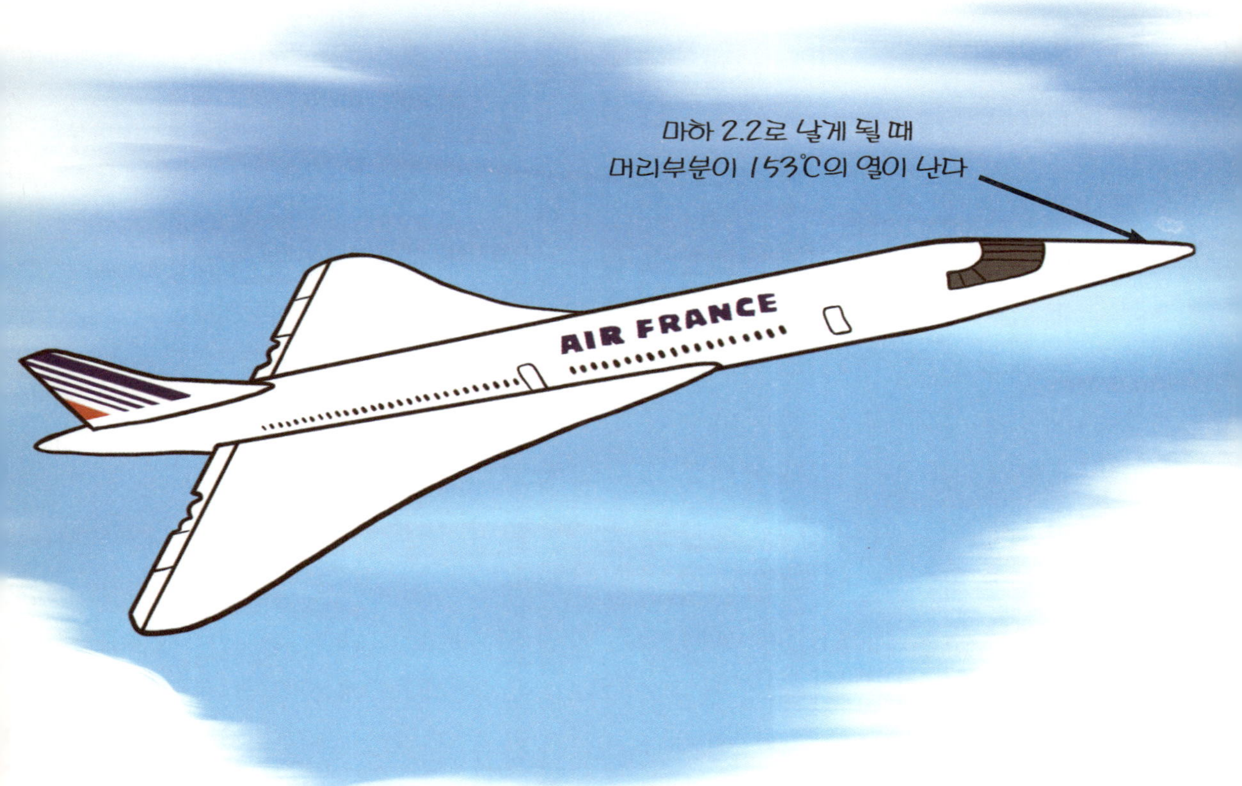

제트기와 같이 날씬한 물체가 공기 속을 음속(소리의 속도 : 공기 중에서의 소리의 속도는 매초마다 350미터이고 시속 1200킬로미터입니다.)에 가까운 속도로 날아갈 때, 그 전진을 방해하는 저항력의 대부분은 공기와의 마찰에 의한 것이라고 합니다.

놀이터에서 자주 오르내리며 노는 미끄럼틀에서 미끄럼을 타고 내려오면 엉덩이가 뜨거워지고, 심하면 엉덩이 부분의 옷이 쉽게 닳아져 있는 경우를 여러분은 경험했을 것입니다.

초음속 여객기인 콩코드도 그 속도가 빨라지면 역시 공기와의 마찰로 열이 납니다. 마하 2.2(마하 1은 음속과 같아서 1초 동안의 속도가 340미터)로 날게 되면, 기체의 머리 부분이 153도의 열을 냅니다. 만약 마하 3으로 날게 된다면 머리 부분은 330도 이상이 된다고 합니다.

미끄럼틀과 엉덩이의 마찰로 엉덩이가 뜨거워진 것과 같이, 콩코드는 공기와 콩코드의 머리가 서로 마찰했으므로 머리 부분이 뜨거워진 것입니다.

만약 여러분이 미끄럼을 엉덩이로 타지 않고 머리로 미끄러졌다면 여러분의 머리도 콩코드의 머리처럼 뜨거워졌을 것입니다.

눈에 보이지도 않고, 손에 잡히지도 않는 공기가 마찰로 인해 이런 열을 발생시켰다는 것은 마찰의 힘이 얼마나 큰가를 보여 준 것입니다.

이처럼 마찰의 힘은 우리 주위의 모든 운동을 방해하고 있는 가장 큰 힘이기 때문에, 움직이는 기계나 물체에서 마찰의 힘을 줄이기 위해 여러 가지로 궁리를 하고 있습니다.

마찰이 없어진다면

만약 이 세상에 마찰이 모조리 없어진다면 얼마나 좋을까요? 얼음 위에서 스케이트를 타며 노는 일도 즐겁지만 얼음 위에서는 항상 스케이트를 타야 되니 이만저만 불편한 것이 아닙니다. 만약에 마찰이 없어진다면 스케이트도 없이 아스팔트나 흙 위에서도 스케이트를 타는 것처럼 주르륵 미끄러져서 무척 재미있을 것입니다.

또한 물체의 운동에도 방해하는 것이 없어질 테니까 무척 편해질 것입니다.

자동차는 적당한 추진력만 있다면 바퀴가 없는 상자라도 잘 달리게 될 것입니다. 왜냐 하면 자동차는 타이어와 지면과의 마찰로 달려가는데, 마찰이 없다면 타이어는 얼음 위에서 바퀴가 겉도는 것처럼 되고 말 것이기 때문이지요. 그러니 쓸모없는 자동차보다는 간단한 제트 엔진을 붙인 상자가 훨씬 자동차답게 달릴 것입니다.

바퀴가 겉돈다는 문제에 관해서는 아주 우스운 이야기가 있습니다.

증기 기관차가 나올 무렵, 어떤 발명가는 '쇠로 된 레일을 쇠로 된 바퀴로 달리려고 한다면 바퀴가 겉돌아서 앞으로 나아가지 않을 것이다'라고 생각하면서 톱니바퀴로 된 레일 위를, 톱 같은 바퀴로 달리는 기차를 생각했습니다. 요즘 같으면 여러분도 마찰력은 무게에 비례한다는 것을 알고 있을 것이므로 이 발명가를 비웃을 것입니다.

그러나 만약 마찰이 없는 세상이 된다면 이와 같은 톱니로 된 레일 위를 달리는 톱니바퀴식 기관차가 필요해질 것입니다. 이런 기관차는 별로 빠르지는 않겠지만 속력을 자유롭게 조절할 수 있게 되므로 꽤 편리할 것입니다.

현재 우리가 살아가는 마찰이 있는 세상의 경우, 자전거 브레이크는 바퀴에 고무를 밀어붙여 그 마찰로 회전을 멈추게 하고 있습니다. 이 자전거와 마찬가지로 각종 기계의 브레이크는 마찰을 응용한 것이 대부분이므로 마찰이 없는 세계에서는 이런 브레이크가 달린 기계들은 한 번 달리면 멈추기가 어려워질 것입니다. 그러므로 마찰이 없는 세상에서 기차나 자동차는 속도 조절에 상당한 곤란을 겪게 될 것입니다.

지금까지 우리는 움직이는 것만 생각해 봤지만, 사실은 우리 주위에서 마찰이 하고 있는 역할은 물체를 움직이지 않도록 하는 것이 훨씬 중요합니다.

우리는 무거운 물건을 아무 곳에나 두어도 움직이지 않고, 그 자리에 있는 것을 당연한 것으로 생각하고 있습니다.

하지만 이것도 마찰이 전혀 없는 곳이라면 큰 장롱이라 하더라도 손이 조금만 닿으면 미끄러져 버리고 말 것입니다. 이렇게 마찰이 전혀 없는 곳이 있다면 어떨까요? 한번 상상해 보면서 마찰이 없는 세계로 떠나 봅시다.

마찰이 없는 세계로 여행을

마찰이 없는 나라에 도착을 했습니다.

마찰이 없는 세계는 정말 이상합니다. 누군가 큰 소리로 떠드는 것처럼 시끄러워 마치 시장에 와 있는 듯합니다.

마찰이 없는 이 곳의 길은 무척 미끄럽습니다. 모든 사람들이 미끄러지지 않으려고 엉거주춤한 자세로 걸어 다닙니

다. 꼭 얼음 위에서 걷는 것처럼 미끄러워서 어른들이 넘어지는 것은 예사이고, 어린이들은 몸을 낮게 해서 거의 기어 가는 모습으로 걸어갑니다.

간혹 한눈이라도 팔고 걷는 날에는 바나나 껍질을 밟고 넘어지는 것처럼 엉덩이를 심하게 부딪칩니다.

이 곳의 박사님은 마찰이 없으므로 해서 많은 사람들이 불편하다는 것을 깨닫고, 마찰이 없는 것을 이용해서 스케이트를 만들었습니다.

많은 사람들이 스케이트를 타자 이번에는 더 큰 소동이 벌어졌습니다.

빠르게 움직이는 스케이트의 속력을 줄이지 못해서, 아침 출근길이나 등굣길에서 충돌하기가 일쑤였습니다. 학교에 등교한 사람들의 얼굴에는 모두 다 여러 개의 혹을 여기저기에 붙이고 있었고, 시퍼렇게 멍이 들어 있었습니다.

또 다른 방법이 필요하다고 생각한 박사님은 이번에는 자석을 이용한 발명품을 내놓았습니다. 그 발명품이란 모든 도로를 철판으로 포장하고 구두 바닥에는 자석을 붙이는 것이었습니다. 그런데 구두 바닥에 자석을 붙여 놓으니 넘어지거나 충돌할 염려는 없어진 대신, 이제는 발을 땅에서 떼어 내기가 무척 힘이 들었습니다.

사람들이 걷는 모습은 거북이가 기어가듯이 느리적거리며 걷게 되었습니다.

철판을 포장한 도로에서는 바닥에 브레이크용 전자석이

붙은 상자가 이리저리 바쁘게 돌아다니고, 멈출 때는 전자석에 전기를 넣어서 정지합니다.

시장에서는 접착제를 파는 가게가 많은 사람들로 붐빕니다.

마찰이 없는 세계는 큰 물건이건 작은 물건이건 물건을 놓을 때는 반드시 접착제 같은 것으로 고정해 두었다가 움직일 때는 그것을 일일이 떼어 내야하기 때문입니다.

여러분들은 접착제가 없으며 매직 테이프나 지퍼 같은 것을 사용하여 고정시키면 된다고 생각하겠지만, 매직 테이프나 지퍼도 모두 마찰을 이용해서 만든 것이기 때문에 마찰이 없는 세계에서는 아무 소용이 없습니다.

이외에도 마찰이 없는 세계에서는 못이 전혀 쓸모가 없습니다. 못은 박힐 때, 그 주위에서 압력을 가해서 생기는 마찰의 힘으로 빠지지 않는 것이기 때문입니다. 그렇다면 볼트와 너트는 어떨까 라고 생각하겠지만 이것도 역시 마찬가지입니다.

예를 들어 두 장의 판자에 구멍을 뚫어 볼트와 너트로 연결한다고 하면 그것도 역시 마찰이 있는 곳에서나 가능합니다. 따라서 이런 경우에는 두 장의 판자를 접착제로 붙이거나 못으로 박은 후에 화약의 폭발로 못 끝이 사방으로 퍼져서 빠지지 않게 되는 못을 박을 수밖에는 없습니다. 그렇게 하지 않으면 못은 스르륵 풀려 나올 것이기 때문입니다.

그리고 식탁 위가 조금이라도 경사가 졌을 경우에는 식탁이 수평을 이루기 전까지는 안심하고 식사를 할 수도 없습니다. 접시와 컵이 바닥으로 곤두박질쳐 버리기 때문입니다.

또 바람이 한번 불면 언제까지나 멎지 않고 계속 불어대고, 사람들의 말소리로 정신을 차리기도 힘들어집니다. 그 까닭은 어떤 소리도 방 벽에 의해 약화되지 않고 끝없이 울리기 때문입니다.

마찰이 없는 세계, 생각보다는 훨씬 불편한 세계라는 것을 여러분들은 이제 아셨겠지요?

이처럼 마찰이 없는 세계는 인간으로서는 도저히 살아갈 수가 없는 곳이랍니다.

많은 사람들이 눈이 나빠서 안경을 쓰고, 글을 쓸 때는 연필을 쥐고 쓰는데 이러한 것들은 모두 마찰이 있어야 가능한 것들입니다.

마찰이 없으면 눈이 나빠도 그냥 안보이는 채로 살 수밖에 없습니다. 왜냐하면 코 위에 얹는 안경이 얹혀지지 않고 주르륵 미끄러져 내려오기 때문입니다. 안경을 코에 얹지 않고 끈으로 묶는다 해도 결과는 마찬가지입니다. 마찰이 없다면 끈으로 묶어도 미끄러져 빠져 나가기 때문입니다.

이와 같은 상상을 통해, 마찰은 역시 우리 생활에 없어서는 안 될 중요한 것이라는 것을 알 수 있습니다.

우리들은 지금 우리가 살아가고 있는 세상에서 무엇은 없었으면 하고 생각하고 있겠지만 없어져야 될 것은 하나도 없습니다.

우리는 슬기로운 방법으로 친구 관계에서 생기는 마찰을 줄여 나가도록 노력하고, 지금 있는 것들을 어떻게 하면 더 좋은 방법으로 이용할 수 있는지 연구해야 할 것입니다.

에너지

우리들은 흔히 '에너지' 라는 말을 아무 생각 없이 운동, 활력, 힘이라는 말의 대신으로 사용하곤 합니다.

이것은 에너지를 가진 사람이라면 활기 있게 사는 사람을 의미하고, 에너지가 있는 가솔린이라면 좋은 가솔린을 의미하는 것이기 때문입니다.

세계 각국 정부는 석유 자원이 말라 없어져 버리면 '에너지의 위기' 가 다가올 것이라고 경고합니다.

에너지라는 말이 이와 같이 사용되고 있지만, 이 말이 진실로 뜻하는 것은 무엇일까요?

에너지는 과학 기술이 발달한 사회의 사회 경제적 발전의 운명을 결정하는 열쇠인 '동력' 과 같은 말입니다.

오늘날에는 일반적으로 에너지와 물질은 우주의 두 가지 모습이라고 말합니다.

물질은 모양이 있는 것이고, 그 물질을 움직이는 것은 에너지로서, 이 두 가지가 합해져서 우주를 이룬다고 생각했습니다.

에너지는 사실 물질보다 이해하기가 훨씬 어렵습니다. 에너지는 무게나 부피도 없고, 볼 수도, 냄새를 맡을 수도, 만질 수도 없어서 그 크기가 운동량을 밝히기가 매우 어렵습니다.

오늘날에는 에너지를, 일을 할 수 있도록 해 주는 근원이라고 생각합니다.

넓은 의미에서 본다면 '일'은 육체적 혹은 물리적인 일체의 작용이라고 할 수 있습니다.

예를 들어 힘이 센 남자가 250킬로그램의 역기를 들어 올렸다고 하면, 그 남자는 일을 한 것입니다.

좀더 정확히 말하면 일이라는 것은 뭔가 어떤 종류의 힘을 사용하고 있다는 의미입니다. 그것을 과학에서는 '힘을 일정한 거리 사이에 작용시키는 것'이라고 정의하고 있고 '에너지가 구체화되어 나타나는 것'이 일이라고 할 수 있습니다.

이와 같이 우리의 생활 속에는 항상 일이 있고, 에너지가 있습니다.

아무리 힘이 센 사람이라도 에너지가 없이는 아무것도 할 수가 없습니다.

인간에게는 하루 3번씩 식사하는 음식물이 활동하고 일할 수 있는 에너지를 만들어 줍니다.

버스나 비행기 또는 보일러 등은 연료가 화학 에너지로 방출되어 엔진을 작동시키기도 하고, 열을 내서 우리들을 따뜻하게 해 줍니다.

운동 에너지와 위치 에너지

물체가 어떤 힘을 낼 능력이 있는가 없는가 하는 것은 에너지에 의해서 결정됩니다. 이 말을 좀더 쉽게 풀이한다면, 우리들이 잘 달리고 열심히 공부를 할 수 있으려면, 체력(힘)이 필요합니다. 이 체력은 우리가 음식을 가리지 않고 골고루 잘 먹어야 힘이 생겨서 운동도, 공부도 할 수 있다는 이야기입니다.

즉 물체=어린이, 에너지=음식물 섭취로 인한 힘이 됩니다.

보통 에너지에는 서로 다른 두 가지가 있는데, 물체가 움직이고 있을 때 작용하는 '운동 에너지'와 정지하고 있을 때 물체 속에 숨어 있는 '위치 에너지'가 그것입니다.

좀더 빠른 이해를 위해 지금은 볼 수 없는 대장간을 살펴보도록 합시다.

대장간에는 한 아저씨가 왼손에는 새빨갛게 달구어진 쇳덩어리를 집게로 잡고, 오른손에는 큰 쇠망치를 잡고 그 쇳덩어리를 힘껏 내리칩니다.

이 때 운동하고 있는 물체의 에너지를 운동 에너지라고 합니다.

오른손에 든 쇠망치로 쇳덩어리를 때리면 그 쇳덩어리는 찌부러집니다. 즉 쇠망치는 아저씨의 손에 의해 일을 할 수 있는 능력을 가진 것입니다.

쇠망치가 빠른 속도로 쇳덩어리를 때리면 쇳덩어리도 그만큼 많이 찌부러집니다. 이것으로 운동 에너지는 움직이고 있는 물체의 속도에 좌우된다는 것을 알 수 있습니다.

대장간 아저씨는 큰 쇠망치를 내려놓고 그것보다 작은 쇠망치를 들어서 다시 쇳덩어리를 치기 시작합니다. 이번에는 큰 쇠망치로 내리칠 때보다 쇳덩어리가 덜 찌부러집니다.

운동 에너지는 움직이고 있는 물체의 무게에도 좌우됩니다. 그리고 움직이고 있는 것은 무엇이나 운동 에너지를 가지고 있습니다.

하늘을 나는 비행기, 도로를 달리는 자동차, 운동장을 굴러가는 공, 떨어지는 돌멩이 등등.

그렇다면 정지해 있는 것은 에너지를 가질 수 없는 것일까요?

그것은 한 마디로 대답한다면, 앞에서도 말했지만 위치 에너지(잠재 에너지)로 존재한다고 할 수 있습니다.

예를 들어 쇠망치를 어깨까지 들어 올렸다면, 쇠망치는 어깨에 그 위치를 가지면서 에너지를 가지고 있는 것입니다. 만약 쇠망치를 놓아 버린다면 쇠망치는 바닥에 떨어지게 될 것입니다. 이 때 떨어지는 동안은 운동 에너지를 갖게 됩니다. 하지만 정지해 있을 때는 위치 에너지로서 존재합니다. 들어 올린 쇠망치는 마치 에너지를 가득 저장한 것과도 같습니다. 이것이 위치 에너지입니다.

잠재적 에너지

운동 에너지

위치 에너지는 잠재적 에너지라고도 합니다. 잠재적이라는 말은 어떤 가능성을 가지고 있다는 뜻입니다. 모든 들어 올린 물체는 이 잠재력을 가지고 있어서 물체를 더 높이 들어 올리면 들어 올린 만큼 잠재적 에너지는 그만큼 더 커집니다. 이와 같은 잠재 에너지는 들어 올린 물체만이 갖는 것은 아닙니다. Y자 모양의 나뭇가지에 고무줄을 달아 맨 고무총에 작은 돌멩이를 주워서 고무총에 끼우고 고무줄을 힘껏 당겨 봅시다. 바로 이 때, 고무줄이 늘어났을 때 잠재적 에너지가 생기는 것입니다.

그리고 고무줄을 잡은 손을 놓아서 고무총을 쏘면 돌멩이는 날아갑니다. 이것은 잠재적 에너지가 운동 에너지로 바뀐 것입니다.

잠재 에너지는 이 이외에도 잡아당긴 용수철이나 탄력이 있는 물체를 구부릴 때 생기게 됩니다.

태엽을 감아 주는 시계도 이것과 마찬가지 원리입니다. 태엽을 한번 감아주면 잠재적 에너지를 갖게 되어 며칠 동안이나 톱니바퀴와 바늘이 돌아가게 합니다.

탁구공을 통해서 위치 에너지와 운동 에너지에 대해서 더 자세히 알아보도록 합시다.

탁구공을 가지고 노는 일은 상당히 재미가 있습니다.

다른 공은 너무 커서 손에 쏙 들어오지도 않고 주머니 속에 넣을 수도 없습니다. 그러나 탁구공은 작고 가벼워서 가지고 다니기도 좋고 공놀이에도 그만입니다.

우선 탁구공을 떨어뜨리기 전, 여러분의 손에 탁구공을 들고 있는 때는 위치 에너지(잠재적 에너지)를 가지고 있습니다. 그러다가 공을 손에서 떨어뜨린 순간부터는 위치 에너지가 운동 에너지로 바뀌어 버립니다.

탁구공은 콘크리트 바닥에서 콩콩거리며 튀어 오릅니다.

탁구공은 바닥에 떨어진 다음에는 다시 위로 튀어 오르고 가장 높이 올랐을 때 한순간 정지했다가 다시 또 떨어집니다. 즉 운동 에너지가 위치 에너지로 다시 바뀐 것입니다.

이러한 위치 에너지와 운동 에너지를 합해서 역학적 에너지라고 부릅니다.

이런 식으로 에너지는 형태를 바꾼 상태에서 계속 보존

되고 변화됩니다. 그리고 물체의 외부에서 힘을 가하지 않으면 물체의 에너지는 항상 일정합니다. 즉, 물체의 에너지는 늘어나지도 않고 줄어들지도 않는다는 것입니다.

그러면 에너지가 늘어나지 않았는데 왜 탁구공은 높이 튀어 올랐을까요?

또 에너지가 줄지 않는다면 탁구공은 왜 점점 낮게 튀어서 마지막에는 바닥에 정지해 버리는 것일까요? 탁구공의 에너지가 어디로 사라져 버린 것이 아닐까요? 아닙니다. 탁구공의 에너지는 늘지도 줄지도 않을 뿐더러 어디로 사라져 버리지도 않았습니다. 다른 비역학적 에너지로 바뀌었을 뿐입니다.

앞에서도 말했지만 역학적 에너지가 다른 것으로 변화할 때는 외부의 힘이 작용할 때 뿐입니다.

탁구공놀이에서는 공기의 저항이나 바닥에 떨어졌을 때 바닥과의 마찰 같은 외부의 힘이 있었습니다.

탁구공의 에너지는 다음 장(에너지의 변환)에서 더 자세히 설명하기로 합시다.

이러한 장애물은 이 지구상에서는 완전히 없앨 수가 없습니다.

성형 수술한 에너지(에너지의 변환)

에너지를 보존하기 위해서는 역학적 에너지와 열 사이에 어떤 관계가 있는지를 알아야 합니다.

우선 간단한 실험으로 성냥개비를 성냥갑에 그어 보면 성냥개비에 불이 붙습니다. 이것은 역학적 일이 열(에너지)로 바뀌는 것입니다.

그 까닭은 성냥개비를 긋는 것은 역학적 일이고 그 결과로 열을 얻었기 때문입니다.

그밖에 일이 열로 변환하는 경우를 생각해 봅시다.

예를 들어, 선반(각종 금속으로 된 것을 회전시키면서 물체를 파거나 깎아 내거나 도려내는 데 쓰는 금속 공작 기계)으로 쇠를 깎을 때 회전하는 부품에 따라 끌날이 움직이면서 얇게 깎여 나갑니다. 그 깎인 쇳조각을 만져 보면 뜨겁습니다. 그러므로 깎이는 것과 끌날이 접촉하는 부분에 냉각액을 흐르게 해서 지나치게 뜨거워지지 않도록 합니다.

일을 열로 바꾸는 일은 오랜 옛날 원시인들의 생활에서도 있었습니다.

원시인들은 마른 나무를 우묵하게 파내고 그 곳에 다른 마른 나무로 비벼서 불을 일으키는 방법을 알고 있었습니다.

이 방법은 참을성 있게 아주 오랫동안 마찰을 일으켜서 비벼야만 불이 붙게 됩니다.

드릴로 구멍을 뚫을 때, 판자를 자를 때의 톱, 망치로 두드릴 때의 못도 뜨겁습니다.

성냥도 위와 같이 마찰을 이용해서 불을 붙이는데, 성냥의 경우는 나무와 나무를 비빌 때보다 쉽게 점화됩니다.

성냥이나 나무끼리의 마찰은 그 열을 다른 곳에도 사용할 수 있습니다. 그러나 드릴이나 톱, 못의 경우는 그 열을 다른 곳에 유용하게 이용할 수가 없습니다.

이러한 열(에너지)을 완전히 보존할 수 있는 이상적인 경우는 마찰이 전혀 없을 때 뿐입니다.

마찰이 없으면 탁구공도 처음에 떨어뜨린 위치까지 언제까지나 튀어 오를 것입니다. 그러나 우리가 가지고 놀았던 탁구공은 높이가 점점 낮아지다가 마침내는 바닥에 정지해 버렸습니다. 탁구공의 역학적 에너지는 어디로 갔을까요?

탁구공의 에너지는 콘크리트 바닥의 내부 에너지로 변환해 버렸습니다.

탁구공이 바닥에 부딪칠 때마다 역학 에너지의 일부가 물체의 분자에게 옮겨 갑니다. 이렇게 된 분자는 점점 빨리 움직이게 되고, 그에 따라 분자 전체의 내부 에너지가 커져서 물체가 열을 갖게 되는 것입니다. 그러므로 물체는 그 온도를 상승시키게 됩니다.

지금까지는 역학적 에너지가 열로 변환하는 경우를 살펴보았습니다. 그러나 이와는 반대로 일을 역학적 열로 바꿀 수도 있습니다.

가장 대표적인 것으로는 증기 기관입니다. 증기 기관은 다른 열기관보다도 가장 먼저 발명되었고, 몇십 년 전까지

만 해도 널리 이용되었습니다.

증기 기관은 아궁이에 석탄을 때면 가마 속의 물이 데워져서 증기가 됩니다. 증기는 실린더를 통해서 피스톤 운동을 하게 되는데, 그 힘으로 움직입니다.

증기 기관 이외도 가스 터빈, 제트 엔진, 우주선용 로켓 등도 열기관을 이용한 것입니다. 이것들은 어느 것이나 연료를 연소시켜서 열을 내고, 그것을 역학적 열로 변환시켜서 사용합니다.

그러나 역학적 일을 열로 바꾸는 것과, 열을 역학적 일로 바꾸는 두 가지 과정에는 큰 차이가 있습니다.

역학적 일은 100퍼센트를 전부 열로 바꿀 수가 있지만, 열은 역학적 일로 완전히 바꿀 수가 없습니다. 반드시 어느 부분이 내부 에너지의 형태로 그대로 남아 있게 됩니다.

지구에는 빛 에너지, 열 에너지, 전기 에너지, 핵 에너지 등 많은 에너지가 있습니다.

이런 에너지들은 모두들 성질이 다르고, 다르게 변환하므로 우리가 사용하는데 불편한 점이 많이 있습니다.

특히 빛 에너지의 변환은 무척 어려운 문제입니다. 매일 한없이 많은 양의 방사 에너지가 쏟아져 낭비되고 있지만 이 에너지를 모으고 변환하고 저장하여 우리 생활에 사용할 수 있는 방법을 우리들은 가지고 있지 않습니다. 다만 대지의 식물만이 자유자재로 그것을 이용해서 성장할 뿐입니다.

또한 시내를 흐르는 물은 인류가 사용하는 모든 에너지 소비량의 80퍼센트의 전력을 낳을 수가 있지만, 우리들은 불과 1~2퍼센트밖에 이용하고 있지 못하는 실정입니다.

우리 인류는 언제까지나 계속 에너지를 필요로 할 것입니다. 그러므로 각국의 과학자들은 에너지 위기를 염두에 두고 계획을 세우고 있습니다.

과학자들의 계획은 지구에 방사되고 있는 빛에너지의 낭비를 활용할 수 있는 태양력 발전소의 건립입니다.

과학자들이 생각하는 태양력 발전소는 우주 공간에 설치해서 지구로 전기를 보내게 되는데, 현재 러시아에서 이 계획에 착수하고 있습니다.

태양은 앞으로 수십억 년 간은 계속 살아 있을 확실한 에너지 가운데 하나입니다. 지구에 도착하는 태양의 빛은 전기로 변환시킬 수 있습니다. 그러나 태양의 일부는 대기 중에 흡수되고, 먼지 때문에 빛이 약해지며, 구름이 빛의 통과를 차단하기도 합니다. 또 밤은 빛을 완전히 보이지 않게 합니다.

이런 이유는 많은 연구비를 필요로 하기 때문에 태양열 연구는 아직까지는 무척 까다로운 실정입니다.

따라서 각국의 태양 에너지를 이용하는 장치는 아주 소규모인 것밖에는 없습니다.

많은 경비가 들기는 하지만, 에너지의 한계와 위기는 모든 인류의 관심사이므로, 태양열 발전소가 결코 현실성이 없는 것만은 아닙니다.

얼마 후면, 아마도 세계가 한 가족이 되어서 태양열 발전소를 만드는 일에 온 힘을 쏟을 날이 있을 것입니다. 그 때까지는 가정이나 사회에서도 에너지를 낭비하지 않고, 서로서로 아끼면서 살아가야 합니다. 그러기 위해서 우리들이 할 수 있는 것을 찾아서 행동으로 실천해야 합니다.

우리들이 할 수 있는 일들에는 무엇이 있을까요?

잠잘 때는 반드시 불을 끄고, 사용하지 않는 전기제품은 플러그를 뽑아 놓도록 해야 합니다.

에너지 절약은 이렇게 작은 일에서부터 비롯됩니다.

전 기

캄캄한 방 안에서 스위치를 찾아서 올리면 반짝하고 불이 들어옵니다.

라디오의 플러그를 콘센트에 꽂으면 노랫소리도 들리고 말소리도 들립니다.

이러한 것들은 무엇에서 비롯될까요? 바로 전기에 의한 것들입니다.

현대인들은 전기가 없으면 살아갈 수가 없을 정도로 전기에 대한 의존도가 높습니다.

집에서 사용하는 것들만 해도 텔레비전, 선풍기, 냉장고, 컴퓨터, 청소기 등 이루 다 헤아릴 수 없을 정도입니다.

이것들은 모두 전기를 통해야 만이 우리가 편리하게 이용할 수 있는 것들입니다. 우리들이 편리하게 사용하는 전기는 에디슨의 전구 발명으로부터 비롯되었습니다. 아주 오래 전부터 사용했던 것 같지만 전기를 우리 생활에 이용한 것은 겨우 100년이 조금 넘을 뿐입니다.

약 100년 동안에 이렇게 여러 종류의 전자 제품의 이용이 가능해졌다는 것은 정말 굉장한 일입니다.

그렇다면 에디슨이 전구를 발명하기 이전에는 전기가 없었을까요? 그렇지는 않습니다.

전기는 인간이 지구에서 생활하기 훨씬 이전부터 있었습니다.

여러분은 아마도 전기라고 하면 플러그를 통한 가전제품이 사용의 전부라고 생각하겠지요? 그렇지만 폭풍우 속에서 순간적으로 대단히 밝은 빛을 내는 번개도 역시 전기랍니다.

번갯불이 전기라는 사실을 발견한 사람은 미국의 벤저민 프랭클린에 의해서입니다.

프랭클린은 1752년 소나기구름이 가까워졌을 때 연을 띄웠습니다.

연에는 철사를 붙여 놓았고 전기가 손까지 전해지지 않도록 중간에 열쇠를 끼워 여기에 매단 명주리본을 쥐도록 했습니다. 전기는 열쇠까지 전해 왔고, 프랭클린은 전기를 라이덴병에 축전시켰습니다.

그러나 프랭클린이 이 실험을 통해 번개가 전기라는 것을 밝혀내고 그 후로 많은 가전제품이 사용되고는 있지만, 아직까지도 자연 속에 그대로 방치되어 있는 번개는 우리의 생활에 도움을 주지 못하고 있습니다.

만약 번개의 에너지를 잡을 수만 있다면, 우리 인류는 에너지 걱정은 하지 않으면서 살아갈 수 있을 것입니다.

전기를 만들어 봅시다.

18세기 말까지만 해도 전기에 관해서는 눈에 보이지도 않고, 무게도 없는, 아주 신비스런 액체라고 생각했습니다.

이 때에는 라디오나 텔레비전은 물론이고, 손전등용의 간단한 건전지도 없었습니다. 그러므로 과학자들이 그런 생각을 하였다는 것은 오히려 당연하다고 할 수 있습니다.

전기가 필요할 때 우리들이 플러그만 꽂기만 하면 그 즉시 사용할 수 있는 전기는 어디에서부터 시작될까요?

전기는 수력 발전, 석탄, 석유, 태양열 등을 이용해서 에너지를 얻고 그 에너지를 우리들이 쓸 수 있도록 바꾸어 줍니다.

그러한 에너지는 높은 전신주 위에 쳐진 전선을 통해서 우리의 안방에까지 연결됩니다. 이런 전기는 우리 생활에 직접적인 도움을 줍니다. 그러나 번개외에 우리 생활에 도움을 주지도 않으면서 존재하는 전기도 있습니다.

이것을 사람들은 깨닫지 못하는 가운데 살아가고 있습니다.

우리가 이따금 손으로 그것을 붙잡고 있기도 하지만 눈치채지 못하고 있습니다. 하지만 그것을 발견하는 것은 어려운 일이 아닙니다.

겨울날, 따뜻하고 건조한 방에서 플라스틱으로 된 빗으로 머리를 빗어 보도록 하세요. 희미하게 빠지직거리는 소리가 들릴 것입니다. 만약 거울 앞에서 머리를 빗었다면 머리털이 곤두서는 것도 볼 수 있을 것입니다. 전날 밤에 머리를 감았다면 그 소리와 머리털이 곤두서는 것이 더욱 두드러질 것입니다.

만일 어두운 곳에서 머리를 빗는다면 아주 작은 전기의 불꽃도 볼 수 있습니다.

이러한 전기를 정전기라고 합니다.

이 전기는 마찰에 의해 일어나므로 '마찰 전기'라고도 합니다. 그러나 이것은 우리 생활에 도움을 주지도 않고 다른 것에 이용할 수도 없으며, 오히려 불쾌감만 줍니다.

합성 섬유로 된 옷을 벗을 때 '따다닥' 소리를 내며 머리털이 옷에 달라붙으려고 하는 것도 정전기에 의한 것입니다.

휴지처럼 얇은 종이를 잘게 찢어 놓고 여기에 머리를 빗은 빗을 갖다 대면 종이 조각들은, 자석에 쇠가 붙듯이 빗에 착 달라붙어 버립니다.

빗이 끌어당기는 힘이 있는 것은 전기를 가지고 있기 때문입니다.

종이 조각은 빗 위에 간신히 까닥거리며 붙어 있습니다. 만일 빗으로 머리를 빗지 않고, 합성 섬유로 이루어진 헝겊에 문지르면 빗은 종이 조각뿐만 아니라 왕겨까지도 끌어당깁니다.

같은 정전기라도 그것을 이용해서 장치를 만든 것도 있습니다.

최근에는 전자 복사라고 해서 정전기를 이용한 복사기가 여러 가지 있습니다. 그것은 복사할 부분을 빛에 닿게 하여 그 명암의 상이 원통 위에 생기도록 합니다.

원통은 방전에 의해 전기를 띨 수 있도록 하고, 빛이 닿으면 전기를 띠는 모양이 달라집니다. 여기에 마찰에 의해 전기가 생긴 탄소 가루를 뿌려서 붙도록 한 다음 종이에 옮깁니다. 이외에도 전용의 종이에 직접 복사하는 방식도 있습니다.

같은 종류끼리의 전기는 반발하고 다른 종류끼리의 전기는 서로 끌어당기는 정전기의 성질은 도료를 바르는 데에도 이용됩니다.

색칠한 금속에 플러스 전기를 통하게 하고 도료는 마이너스의 전기를 띠게 해서 뿜어 뿌립니다. 그러면 도료끼리는 반발하여 큰 알갱이는 작게 나누어져 한결같이 구름처럼 됩니다. 이것이 플러스에 대전(어떤 물체에 전기가 띠는 것)한 금속에 끌려 깨끗이 칠해집니다.

화력 발전소 등에서는 태워서 생긴 연기 속의 작은 알갱이나 매연을 정전기의 힘으로 없애 버리는 집진 장치로 쓰여지고 있습니다. 이것은 금속판과 쇠그물을 서로 어긋나게 배치시키고, 그 사이에 수만 볼트의 직류 전압을 걸어 놓습니다.

이 곳에 연기가 지나면 알갱이는 쇠그물에 걸려, 마이너스로 대전하여 플러스 전기를 가진 금속판에 달라붙게 됩니다. 이 금속판에 붙은 알갱이는 때때로 두들겨 떼거나 씻어 버립니다.

전기의 인력

만유인력의 법칙에서, 여러분은 모든 물체는 서로 자기 쪽으로 끌어당기는 인력이 있다는 것을 기억하실 것입니다.

인력은 전기에도 있습니다.

만약 전기에 인력이 없었다면 빗에 종이 조각이 달라붙지 않았을 것이고, 머리카락도 서지 않았을 것입니다.

그렇지만 확실한 이해를 위해, 실험을 통해 전기의 인력을 알아보도록 합시다.

세면대에 가서 수도 꼭지를 조금 돌려서 물이 가느다랗게 흐르도록 합니다. 그리고 에보나이트 막대를 헝겊에 문질러 전기를 띠게 한 다음 수돗물 가까이 가져가 봅시다. 그러면 물줄기는 에보나이트 막대기 방향을 따라 흐릅니다.

이 현상은 막대기를 물줄기로부터 멀리하면 할수록 물줄기는 더 많이 휘어져서 흐릅니다.

<실험 1>

이제 두번째 실험에 들어갑니다.

이 실험에서는 아주 간단한 것들만 이용됩니다.

우선 16절지의 종이를 3센티미터 정도 남기고 10자락 정도를 세로로 자릅니다. 그리고 날씨가 축축한 날이라면 드라이어나 스토브를 이용해서 바짝 말려서 건조하게 합니다. 종이가 바짝 마르면, 옷의 먼지를 떨어 내는 솔로 잘라진 종이 자락을 위에서 아래로 쓰다듬듯이 쓸어 줍니다.

이렇게 종이 자락을 쓸어 주면 종이는 전기를 가지게 됩니다. 이 모든 것이 다 끝나면 잘라지지 않은 맨 위쪽을 그림처럼 동그랗게 말아 손에 쥡니다. 잘라진 종이 자락은 종 모양처럼 퍼져 있습니다.

이 종 모양의 종이 자락 속에 밑으로부터 한쪽 손을 쑥 넣어 봅시다. 그러면 10개의 종이 자락은 여러분의 손에 달라붙을 것입니다.

<실험 2>

종이 자락이 여러분의 손에 달라붙은 것은 전기의 인력 때문입니다. 그렇지만 이상한 것이 있습니다. 종이 자락에 서로 끌어당기는 인력의 힘이 있었다면 종이 자락들은 왜 서로 달라붙지 않고 종 모양으로 퍼져 있었을까요? 당연히 그 종이 자락들도 서로 달라붙어야 하지 않을까요? 거기에는 이유가 있습니다.

전기는 끌어당기는 인력 이외에도 서로 반발하여 밀어내는 성질도 있습니다.

종이 자락이 퍼진 종 모양으로 있었던 것은 서로 반발하였던 것입니다.

번개

컴컴한 하늘에 검은 구름이 잔뜩 끼면 하늘에서는 번개가 번쩍이고, 이어 "우르릉 쾅!" 소리를 내면서 천둥 소리가 들립니다.

예로부터 많은 사람들은 이 천둥 번개에 겁을 먹고 있었습니다. 왜냐 하면 하늘이 깜깜해지면서 빛이 번쩍거리고 무서운 소리까지 울려 퍼지니, 작은 죄라도 저지른 사람들은 하늘에서 벌이 내려오는 것은 아닌가 하고 생각했던 것입니다. 그러나 과학이 발달해서 번개가 생기는 원인을 확실히 밝혀 냈지만 사람들의 두려움은 완전히 사라지지 않았습니다.

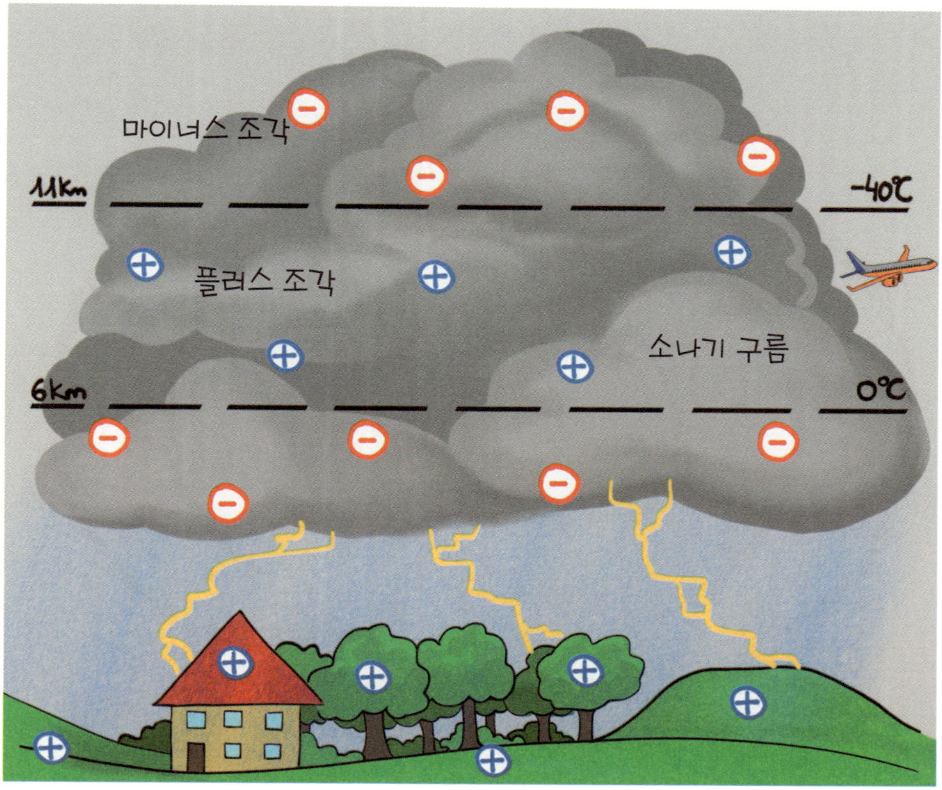

천둥 번개는 구름 속에 있는 물방울들의 마찰에 의한 것입니다. 그러므로 하늘에 있는 소나기구름은 대발전소라고 할 수 있습니다.

이것을 좀더 자세히 설명하도록 합시다.

소나기구름을 이루고 있는 물방울이나 얼음 알갱이들은 상승 기류에 의해 위로 올라갑니다. 이 때, 물방울이나 얼음 알갱이들은 쪼개지기도 하고 서로 닿아 마찰을 일으킵니다. 그러면 플러스를 띤 조각과 마이너스를 띤 조각으로 나뉩니다. 이렇게 해서 플러스와 마이너스의 전기를 띤 알

번갯불 둘레의 공기가 데워져 부피가
늘어나 진동하여 천둥소리가 남

갱이는 각각 소나기 구름의 상하로 나뉘는데, 아래쪽에 마이너스 전기가 많이 괴게 되면 이에 반응되어 지면에는 플러스 전기가 모이게 됩니다.

이 때 지면에 큰 나무가 있으면 이를 향하여 소나기구름으로부터 약한 불꽃이 날아오게 됩니다. 그리고 그 다음에는 지면에서 소나기구름을 향해, 같은 길을 통하여 강한 불꽃이 흐르게 됩니다. 이 때 큰 소리와 강한 빛을 내는 것이 천둥과 번갯불입니다.

짧은 시간 동안에 불꽃이 여러 번 오르내리고, 마이너스 전기는 지면의 전기와 중화하여 지면에도 불이 옮겨 붙게 되는 것입니다.

번갯불의 길이는 평균 약 700미터가 됩니다.

이 길 둘레의 공기가 전기에 의해 갑자기 데워져서 부피가 늘어나면, 이 공기가 진동하여 큰 소리를 내는 천둥이 되는 것입니다.

즉 약 700미터의 길이 전체가 소리를 낸 것입니다.

그런데 이 소리가 공기 속에서 전해지는 도중에서 굽어지거나 다시 튀어오거나 하므로, 듣기에도 무시무시한 "우르릉 쿵쾅!" 소리를 내는 것입니다.

번개가 한 번 떨어질 때의 전기 에너지를 계산하면 대개 100W의 전구 10만개를 1시간 동안 켤 수 있는 세기가 됩니다.

그러나 번개의 전기 에너지는 빛이나 소리 또는 열로 바뀌어 도망쳐 버리게 되므로, 이것을 우리 생활에 이용하기는 무척 어렵습니다.

우리들은 방안에서 실험을 통해서 천둥 번개와 같은 불꽃과 소리를 만들어 낼 수 있습니다. 어떻게 번개를 만들어 내는지 알아봅시다.

유리컵 3개를 불 옆에서 바짝 말려 가지고 테이블 위에 올려 놓습니다. 그 위에 금속으로 된 쟁반이나 보통의 금속판을 얹어 놓습니다. 다음에는 삼각자와 같은 유기 유리 제품을 마른 헝겊으로 문질러 전기를 띠게 하여 그 금속판

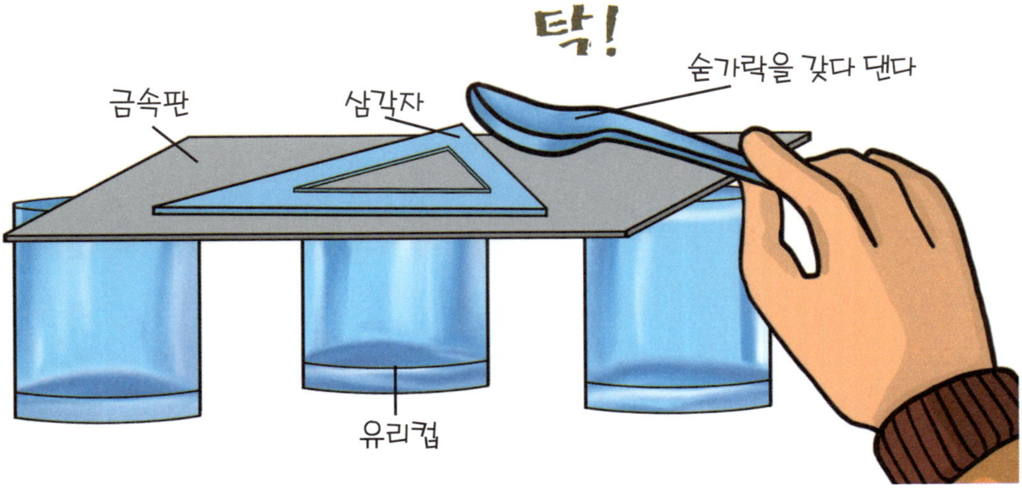

< 실험 >

위에 얹어 놓습니다. 그리고는 차숟가락을 들고 금속판 끝에 가져갑니다.

어떻게 됐을까요? 차숟가락은 금속판 근처에 약 2센티미터 접근하게 되자 "탁!" 소리를 냅니다.

정말 이상한 일입니다. 차숟가락은 금속판에 닿지도 않았습니다.

이제는 불을 끄고 눈이 어두움에 익숙해지길 기다립니다. 그런 다음 이 실험을 다시 한 번 해 봅시다. 그러면 작은 불빛이 보일 것입니다. 그것은 성냥개비의 절반쯤 되는 길이를 가진, 밝고도 파르스름한 불꽃입니다. 바로 이 불꽃이 번개이고 "탁!"하고 난 소리가 바로 천둥 소리였습니니다. 천둥 소리치곤 너무 작다고 여러분은 생각했겠지요? 하지만 이것은 분명 천둥 소리였습니다. 그런데 이 천둥 소리는 자연적인 천둥 소리에 비해 번개와 그 속도가 같습니다.

보통 자연적인 천둥 소리는 번개가 번쩍하고 나면 한참 후에 "우르릉 쿵쾅!" 거리지만 여기 이 실험에서는 그럴 수밖에 없습니다.

우선 공간이 좁은 방안이므로 번개와 천둥 소리의 차이가 없었던 것입니다.

실제로 번갯불의 속도는 매우 빨라서 소리의 속도로는 그것을 따라가지 못합니다.

빛의 속도는 1초에 약 30만 킬로미터를 가지만, 소리는 1초에 330~340미터밖에 나아가지 못합니다. 그렇기 때문에 번개가 번쩍이면, 한참 후에 이르러서야 천둥 소리가 들리는 것입니다. 하지만 우리들의 실험에서는 빛과 소리가 거의 동시에 우리에게 도달합니다.

만일, 이 실험에서 차숟가락이 아닌, 여러분의 손을 금속판에 가까이 가져가면 천둥은 여러분의 손에 떨어지게 됩니다. 이것은 위험하지는 않지만, 조금은 손이 짜릿할 것입니다.

많은 과학자들은 이 번개에 대한 관심이 무척 높습니다. 그러나 이 번개를 우리의 생활에 끌어들일 수 있는 방법은 아직까지 개발되지 않았습니다. 다만 현대의 전기 기술로써 이러한 번개를 재생시킬 가능성에까지는 접근하고 있어서 과학을 공부하는 사람들에게 흥미로움과 기쁨을 주고 있습니다.

현재에는 100만 볼트라는 전압을 얻는 데까지 이르렀으며, 10미터의 길이를 가지는 불꽃을 얻고 있기도 합니다.

그러나 자연의 번개 길이가 700미터라는 것에 비하면 대수로운 것도 아니고 번개가 지니고 있는 에너지에 비하면 몇백분의 1밖에 되지 못합니다.

이왕 이야기가 나온 김에 번갯불이 얼마나 빠른지 알아봅시다.

여러분들은 천둥 번개가 심하고 비가 세차게 내려올 때, 번갯불이 짧은 시간 동안 거리를 비춘 풍경을 본 적이 있나요? 본 적이 있다면 그 때의 신기한 사실이 생각날 것입니다.

모든 것이 활발하게 움직이고 있던 거리가 이 순간에는 갑자기 꼼짝하지 않고 있는 것처럼 순간적으로 온 세계가 완전히 정지해 버린 것같이 느껴졌을 것입니다.

사람들은 발을 허공에 치켜들고 전신에는 힘이 잔뜩 들은 채로 멈추어 있으며, 자동차의 타이어도 멈추어 움직이지 않습니다. 꼭 스냅 사진의 한 장면과도 같습니다.

이렇게 모든 것이 움직이지 않는 것처럼 보이는 이유는 번갯불의 비치는 시간이 아주 짧다는 데에 있습니다. 다른 모든 전기 불꽃들도 그렇지만 번개의 지속 시간은 아주 짧습니다.

번개의 지속 시간은 보통 우리들이 생각하는 방법으로써는 측정할 수 없을 만큼 짧습니다. 간접적인 방법을 써서 그것을 측정한 결과를 보면, 번개의 지속 시간은 만분의 1초보다도 더 짧습니다. 번개는 어떤 경우에 있어서든지 천분의 1초 이상을 넘어가지 못한다는 것이 확실해졌습니다.

번갯불이 비쳐지는 시간이 이 정도로 짧기 때문에 그 사이에 움직이는 것들을 눈으로 알아보기에는 너무나 힘든 일입니다. 따라서 여러 가지 운동이 진행되고 있는 거리를 번갯불로 볼 때에는 전혀 움직이지 않는 것처럼 보인다는 것은 놀랄 일이 아닙니다.

빨리 달려가는 자동차의 타이어도 이 짧은 시간 동안에는 아주 조금밖에 움직이지 못합니다. 이 정도로 움직이는 것을 눈으로 볼 때, 그것은 움직이지 않는 것과 같이 보이는 것은 당연한 일입니다. 이러한 인상은 눈에 대한 시각적 자극이 번개의 지속 시간보다 훨씬 오랫동안 남아 있다는 것으로써 더욱 확실하게 알 수 있습니다.

많은 실험을 통해서 발전해온 이 물리 이야기를 살펴보면 처음에는 작고 보잘것 없는 실험들이 대부분이었습니다. 그렇지만 작은 실험이 모여 큰 발견의 결과로 모아집니다. 여러분이 작은 실험을 소중히 할 때, 우리 나라, 나아가서 세계의 과학은 더욱 크게 발전할 것입니다.

도전 리틀과학자
뉴턴과 물리여행

2016. 2. 25 인쇄
2016. 3. 2 발행

글 대한과학진흥회
그림 위스뉴스키 피에르
펴낸이 신 주 황
펴낸곳 스완미디어
등록 제2-4534호
주소 서울시 중구 중림동 128-15 구본빌딩
홈페이지 www.dollplaybooks.com
대표전화 02) 393-0026
팩스 02) 312-8349
ISBN 978-89-92565-80-6
ISBN 978-89-92565-70-7 (SET)

값 9,800원

C=O
NH2
CH3-CH2-CH2-CH3
CH3-COOH
NO2
Al(OH)3→Al2O3+3H2O
R1
HN
N
O
CN
CN
R2
CH3C=O
NH2
H
C
H

C=O
NH2
CH3-CH2-CH2-CH3
CH3-COO
NO2
2Al(OH)3 → Al2O3 + 3H2O
HN
N
CN
CN
CH3C=O
NH2
H
C